UNIVERS DES LETTRES

Sous la direction de Fernand Angué

LA CHANSON DE ROLAND

Extraits

Traduction **d'après le manuscrit d'Oxford,** avec une introduction à l'œuvre, des notes, des commentaires, des questions, des jugements

par

Gérard MOIGNET

Professeur de linguistique française
à l'Université de Paris-Sorbonne

Bordas

AVANT-PROPOS

Depuis 1921, la Chanson de Roland *était publiée d'après le texte établi par Joseph Bédier, et l'on reprenait traditionnellement la célèbre traduction littéraire qu'il en a donnée.*

Or, durant un demi-siècle, bien des travaux importants ont été publiés sur la Chanson. *Professeur de linguistique française à l'Université de Paris-Sorbonne, Gérard Moignet a voulu en faire la synthèse. Reprenant l'étude du manuscrit d'Oxford, il a établi, pour la Bibliothèque Bordas, une leçon nouvelle publiée en 1969, avec, en regard du texte original, une traduction entièrement inédite.*

C'est cette traduction que l'on trouvera ici. Elle n'a pas, explique-t-il avec modestie, "la belle et libre allure de celle de Joseph Bédier, si brillante, si riche en admirables trouvailles. Elle vise avant tout à épouser le texte du plus près, de façon à faire sentir au lecteur moderne, s'il est possible, le mouvement même de la phrase de l'ancien français".

F.A.

ABRÉVIATIONS UTILISÉES DANS L'OUVRAGE

* = forme probable, bien que jamais rencontrée dans aucun texte

« » = signification

all., angl. = allemand, anglais

cf. = comparez, rapprochez de

fcien = francien (dialecte roman de l'Ile-de-France)

fcq. = francique (dialecte germanique des Francs)

ms. = manuscrit

pr. = prononcer

subst. = substantif

© Bordas 1970 1re édition

© Bordas 1980

I.S.B.N. 2-04-12143 -9
I.S.S.N. 0249-7220

INTRODUCTION

1. La chanson de geste

Le genre épique, illustré dans la littérature grecque antique par l'*Iliade* et l'*Odyssée*, et dans la littérature latine par l'*Énéide* de Virgile et plusieurs autres poèmes, représenté dans de nombreuses littératures nationales, surtout à leurs origines, apparaît très tôt dans la littérature française, dès la fin du XIᵉ siècle, sous la forme de la *chanson de geste*.

Une chanson de geste est un poème narratif chanté ayant pour sujet des exploits héroïques (*geste* vient du latin *gesta*, « exploits »). Les héros sont presque constamment des chevaliers français luttant pour le service de leur suzerain (parfois, cependant, en révolte contre lui), et généralement dans les péripéties d'un gigantesque combat opposant la chrétienté aux païens, qui sont, le plus souvent, les sectateurs de Mahomet.

Bien que le texte des chansons que nous avons nous soit parvenu par de nombreux manuscrits des XIIᵉ, XIIIᵉ, XIVᵉ et XVᵉ siècles, le genre appartient à la littérature orale : il est créé et transmis par des *jongleurs*, à la fois auteurs, remanieurs et interprètes, qui pratiquent la récitation publique. Rien n'est plus éloigné de l'art des jongleurs que l'idée, toute moderne, d'un texte fixe, propriété littéraire d'un auteur : la matière épique est un bien commun que chacun peut traiter à sa guise.

Cependant le genre a des règles assez précises dans leur souplesse. Le récit se répartit en unités de caractère musical, psalmodiées, les *laisses*. La laisse est une série de vers, en nombre indéterminé, ayant même voyelle tonique finale, qu'il s'agisse, comme dans les formes anciennes, de l'*assonance* (identité de la voyelle tonique finale, sans considération des consonnes qui peuvent l'entourer) ou, comme dans les formes tardives, de la *rime*.

On ne sait pas avec certitude si tous les vers d'une chanson se psalmodiaient sur la même ligne mélodique, comme semble le dire Jean de Grouchy : *idem etiam cantus debet in omnibus versibus reiterari* (« le même chant doit être répété dans tous les vers ») ou si, plus vraisemblablement, la laisse commençait par un « timbre d'intonation », ligne mélodique reprise identiquement dans les vers suivants ou alternant avec un « timbre de développement », et s'achevait sur un « timbre de conclusion ». Certaines chansons comportent, à la fin de certaines laisses, des refrains.

Une unité de signification correspondait à l'unité musicale de la laisse : on reconnaît assez bien, en général, une attaque de la laisse, un développement, une conclusion, avec des types établis pour les vers initiaux et terminaux.

Le vers le plus souvent utilisé est le décasyllabe épique, composé de quatre plus six syllabes, avec une forte coupe. C'est une question controversée de savoir si le compte rigoureux des syllabes (l'iso-syllabisme) existait aux origines du genre : beaucoup de vers de *la Chanson de Roland* ne sont pas réductibles à dix syllabes.

2. La matière épique

Les plus anciennes chansons de geste ont pour sujet l'histoire légendaire de la période carolingienne : celle de Charlemagne (*la Chanson de Roland ; le Pèlerinage de Charlemagne*), celle de Guillaume al Corb Nez ou Fierebrace, fidèle vassal de Louis le Pieux, fils de Charlemagne (*la Chanson de Guillaume*), et celle d'un chrétien renégat en révolte contre le même Louis (*Gormont et Isembart*). Plus tard, la matière épique fut développée et remaniée et se répartit en trois grands cycles, comme l'indique, à la fin du XIIe siècle, Bertrand de Bar, auteur de *Doon de Mayence*.

Il y eut ainsi :

la *Geste du Roi*, ayant Charlemagne pour héros central ;

la *Geste de Garin de Monglane*, dont le héros principal est Guillaume d'Orange ;

et la *Geste des barons révoltés*.

Il s'y ajouta une *Geste des croisades*.

Et le genre épique vécut, constamment remanié et renouvelé, jusqu'à la fin du Moyen Age. Mais les chansons les plus anciennes sont les plus belles et reflètent le mieux les sentiments chevaleres-ques et chrétiens qui font l'originalité de la « matière de France ».

3. Le problème des origines

Quelques événements et quelques figures historiques de l'époque carolingienne se laissent parfois reconnaître à travers les récits légendaires qui font la matière épique : ainsi, le désastre de Ronce-vaux, de l'an 778, est évidemment à l'origine de *la Chanson de Roland*. Nous y reviendrons.

La question se pose dès lors de savoir comment ces faits histo-riques ont pu donner lieu, quelque trois cents ans plus tard, à une abondante floraison d'épopées, sans qu'on puisse rien savoir de bien précis sur ce qui s'est passé dans l'intervalle : que dissimule ce qu'un grand savant français, Joseph Bédier, a appelé « le silence des siècles » ? Comment sont nées, à la fin du XIe siècle, les chansons de geste françaises ? Comment expliquer l'écart considérable qu'il y a entre les faits historiques, rares et mal établis, et la très riche matière épique, pleine de péripéties extraordinaires, nourrie de merveilleux ?

Les théories n'ont pas manqué pour répondre à ces questions : le problème des origines des chansons de geste, un des plus ardus de l'histoire littéraire, passionne le monde savant depuis plus d'un siècle. La théorie romantique des « cantilènes » ou « chants lyrico-épiques », soutenue par Gaston Paris *(Histoire poétique de Charle-magne)*, critiquée avec vigueur et talent par Joseph Bédier *(Les Légendes épiques)*, qui pense que la naissance des chansons de geste est liée aux routes des grands pèlerinages et qu'elles sont l'œuvre d'auteurs particuliers en pleine possession de leur art (théorie « indi-vidualiste »), a été reprise sous une forme plus scientifique par Ramon Menéndez Pidal *(La Chanson de Roland et la tradition épique des Francs)* sous le nom de théorie « néo-traditionaliste ». Une synthèse conciliant les théories qui se sont affrontées est présentée avec beaucoup de vraisemblance par Pierre Le Gentil.

4. La Chanson de Roland

La version la plus ancienne de la *Chanson de Roland* figure dans un manuscrit, dit « O », de la Bibliothèque Bodléienne d'Oxford. Il a été écrit en dialecte anglo-normand, vers le milieu du XIIe siècle et donne un texte qu'on date de la fin du XIe siècle.

Les données de l'histoire

La Chanson de Roland figure parmi les chansons de geste fondées sur des faits historiques. La comparaison des annales carolingiennes et de l'historiographie arabe a permis d'établir ces faits ainsi :

Au printemps de l'année 778, Charlemagne fit une expédition militaire en Espagne pour aider un chef musulman, Yaqzan Ibn Al Arabi, gouverneur de Barcelone, en révolte contre l'émir de Cordoue, Abderrahman. Deux armées passèrent les Pyrénées, l'une à l'est, l'autre à l'ouest, pour se rejoindre à Saragosse. Charles, qui com-mandait celle de l'ouest, prit Pampelune, mais ne put s'emparer de Saragosse, tenue par Al Husayn. Bientôt, inquiété par une révolte des Saxons, il repartit pour la France en emmenant Al Arabi prison-nier. Celui-ci fut délivré, grâce à un coup de main, en Navarre.

Le 15 août 778, au passage des Pyrénées, l'arrière-garde de l'armée de Charlemagne fut exterminée par des Basques ou des Gascons.

Aucun document contemporain de l'événement ne mentionne la présence de Roland. Cependant l'existence d'un personnage de ce nom est établie : il est cité parmi les *fideles* palatins qui entouraient Charles, à Herstal, en 772-774.

Un texte bien postérieur à 778, la *Vita Karoli* d'Eginhard (830), reprenant le récit des annales antérieures, dit que, dans le désastre des Pyrénées, périrent Eggihard, maître de la table royale, Anselme, comte du palais, et Roland, préfet de la marche de Bretagne. Mais il paraît bien que la mention de Roland constitue une addition relativement tardive au texte primitif du chroniqueur. Certains pensent que cette addition pourrait être due à l'existence d'une légende de Roland, déjà constituée.

Analyse de la Chanson

En face de ces quelques données historiquement établies, qui se réduisent à si peu de chose (le lieu de Roncevaux n'est même jamais mentionné), la version contenue dans le manuscrit d'Oxford de *la Chanson de Roland* raconte une très belle et pathétique histoire.

Après sept ans de campagnes victorieuses en Espagne, Charlemagne a conquis toutes les cités, sauf Saragosse, encore tenue par le roi sarrasin Marsile. Celui-ci, aux abois, envoie une ambassade à l'empereur pour lui promettre de se rendre et de se convertir dès que Charles sera rentré en France. Cependant il a l'intention de n'en rien faire. Roland, neveu de Charles, se prononce pour le refus de ces propositions, mais les autres barons, et Charles après eux, les acceptent : l'envoi d'une ambassade à Marsile est décidé (vers 1-243).

Pour l'accomplir, Roland fait désigner son parâtre, Ganelon ; celui-ci en conçoit un profond ressentiment et jure de se venger (vers 244-391).

Avec Marsile, dont il accepte les présents, Ganelon a vite fait de conclure un pacte de trahison : il fera nommer Roland à l'arrière-garde de l'armée, et Marsile lancera une attaque massive, au passage des ports (vers 392-660).

Malgré les songes alarmants qui viennent troubler Charles, Roland est effectivement mis à la tête de l'arrière-garde ; il prend avec lui vingt mille Francs, et parmi eux les douze Pairs et l'archevêque Turpin. Pendant que Charlemagne passe les ports, les païens se préparent à l'attaque (vers 661-995).

A Roncevaux, le frère d'armes de Roland, Olivier, a pu apercevoir l'immense armée païenne qui approche : il presse Roland de sonner du cor pour avertir l'empereur, déjà engagé dans les défilés. Roland s'y refuse : il se fait fort de vaincre les Sarrasins avec ses vingt mille Francs (vers 996-1187).

La bataille s'engage : au premier choc, les douze Pairs ont l'avantage et défont leurs adversaires. Mais les païens attaquent en force : les chrétiens ont beau multiplier les prouesses, ils succombent sous le nombre ; bientôt ils ne sont plus que soixante. Roland se décide alors à sonner l'olifant, malgré Olivier, et sans qu'un secours puisse être espéré (vers 1188-1795).

Tandis que Charles rebrousse chemin, les derniers survivants luttent âprement, mais tombent un à un. Roland tranche le poing au roi Marsile, qui prend la fuite. Bientôt Olivier est frappé à mort ; puis Gautier de l'Hum succombe ; enfin l'archevêque Turpin est blessé : il a le temps, avant de mourir, de bénir les corps des Pairs, que Roland a pu rassembler devant lui. Mais déjà retentissent les clairons de Charles : les derniers païens s'enfuient, laissant Roland et Turpin maîtres du champ de bataille (vers 1796-2183).

Roland, en sonnant du cor, s'est rompu les veines de la

tempe ; épuisé, il perd connaissance. Un païen qui avait fait le mort tente de lui prendre Durendal, son épée : Roland l'assomme d'un coup de son olifant ; puis il tente, en vain, de briser Durendal sur des perrons de marbre. Roland sent venir la mort ; il fait une dernière prière et tend son gant à Dieu : saint Gabriel le prend et l'âme du comte est portée au paradis (vers 2184-2396).

C'est alors que Charlemagne arrive sur le champ de bataille. Il se lance à la poursuite des Sarrasins. Dieu a arrêté le soleil pour lui permettre de les atteindre, de les tailler en pièces ou de les précipiter dans l'Èbre. Mais Marsile a pu se réfugier à Saragosse (vers 2397-2608).

Il avait réclamé du secours à l'émir de Babylone, Baligant. Celui-ci apparaît à propos avec une énorme flotte et remonte le cours de l'Èbre : il promet son aide à Marsile (vers 2609-2844).

Cependant Charlemagne est revenu à Roncevaux et rend aux morts les honneurs funèbres. Or voici que surgit Baligant à la tête d'une immense armée : dans chaque camp, on ordonne les corps de bataille. Bientôt la mêlée s'engage, devient générale. Elle se termine par le combat singulier de l'empereur et de l'émir. Chancelant sous un puissant coup d'épée, Charles est réconforté par la voix d'un ange et tue son adversaire : c'est la victoire, les païens fuient. Saragosse tombe aux mains des Francs tandis que Marsile meurt ; la reine Bramidoine est emmenée captive (vers 2845-3704).

Charles revient en France ; il laisse au passage, à Blaye, les corps de Roland, d'Olivier et de Turpin, puis gagne Aix-la-Chapelle.

Aude, fiancée de Roland, meurt d'émotion en apprenant la fin du héros. Puis commence le procès de Ganelon. Les barons penchent pour l'acquittement, quand un jeune chevalier, Thierry, s'offre comme champion de Charlemagne contre un parent du traître, Pinabel. Malgré sa faiblesse, Thierry l'emporte : Pinabel et trente de ses parents sont pendus, Ganelon écartelé. Bramidoine est alors baptisée. Mais Dieu, par la voix de saint Gabriel, appelle Charles pour de nouvelles épreuves. Et la chanson s'achève... (vers 3705-4002).

Valeur littéraire de la Chanson de Roland

De toutes les chansons de geste conservées, il n'en est aucune qui égale en beauté *la Chanson de Roland* : la plus ancienne du genre est un chef-d'œuvre incomparable.

Il importe assez peu que tel ou tel épisode — celui de Blancandrin, promoteur de l'ambassade de Marsile et fauteur du pacte de trahison, ou celui de l'émir Baligant — paraisse être une addition relativement tardive à la forme primitive de la légende : telle qu'elle est, la version signée du nom de Turoldus (et presque tous les savants s'accordent sur ce point) a des proportions admirables dans leur simplicité : deux grandes parties équilibrées, l'une, où le drame se noue par la trahison de Ganelon et se conclut par la mort de Roland (vers 1 à 2396), l'autre, où la vengeance de Charles se manifeste par la défaite totale de l'ennemi et le châtiment du traître (vers 2397-4002) ; deux épisodes guerriers se font pendant, précédés d'un prologue diplomatique et suivis d'un épilogue judiciaire.

Mais l'œuvre vaut surtout par l'intensité dramatique : l'action progresse en vertu d'une fatalité implacable, par les seuls ressorts d'une part des grands intérêts en cause — celui du lien féodal mis en péril par la trahison, celui du monde chrétien menacé par l'Infidèle — et d'autre part des caractères des personnages engagés dans le drame. Il y a là une rigueur toute classique.

L'action se noue par le conflit qui éclate entre Roland et son parâtre Ganelon : s'estimant à la fois offensé et menacé dans sa vie par la proposition de Roland, Ganelon trouve dans l'ambassade auprès de Marsile une occasion de se venger — en trahissant du même coup son empereur et ses frères d'armes. Le dénouement ne sera pas autre chose que le châtiment du traître.

Mais ce ressort dramatique n'est en réalité qu'un accessoire : ce qui est en cause dépasse de très loin les dimensions d'un conflit personnel. Le thème de la chanson n'est autre que celui du monde féodal au service de la foi chrétienne. On peut discuter la question de savoir si la chanson reflète ou non l'esprit de la Chrétienté à l'époque de la première croisade. Il demeure bien évident que le service de Dieu est le moteur le plus puissant qui dicte leur conduite à Charlemagne, à l'archevêque Turpin, et après eux, à tous les chevaliers engagés dans la lutte. En face, les dieux des Sarrasins sont des idoles contestées, bafouées, dérisoires, et les conversions finales, qu'elles soient forcées ou volontaires, montrent bien que la foi inspire l'œuvre. Au reste, Dieu intervient fréquemment au cours du drame, dont l'archange Gabriel est un des personnages : il porte au paradis l'âme du héros, et c'est le point culminant du poème.

Le service du seigneur féodal n'a pas moins d'importance : l'héroïsme de Roland n'a pas d'autre mobile. C'est pour Charlemagne que Roland a vécu, qu'il a conquis tant de terres, enduré tant de souffrances ; c'est au nom de ce qui est dû à Charles qu'il ranime le courage de ses chevaliers, dans une bataille dont l'issue ne fait pas de doute ; c'est pour l'honneur du suzerain qu'il meurt, maître du champ de bataille. Le crime de Ganelon est avant tout un crime contre l'ordre féodal : Charlemagne et sa « mesnie » ont été trahis.

Le lien féodal est inséparable du lien familial : le chevalier ne doit jamais manquer à l'honneur de son lignage ; la faute de Ganelon entraîne l'extermination de tous ses parents. Ce lien est inséparable aussi d'une certaine forme de l'amitié : celle, virile, du compagnonnage chevaleresque. La fraternité de Roland et d'Olivier constitue un des plus purs modèles d'amitié de la littérature universelle.

Enfin, *la Chanson* a le mérite d'évoquer incomparablement le patriotisme français : *France dulce, Tere Major* (voir vers et note 600) sont constamment présentes à la pensée des héros. La geste est notre premier grand poème national, et peut-être le seul.

On pourrait penser que la mise en œuvre des sentiments les plus élevés qui forment l'armature d'une société entraîne, en contrepartie, un certain manque de vérité ou d'humanité dans la peinture des caractères : le danger du genre est que les personnages soient de pures abstractions. Il n'en est rien dans *la Chanson de Roland*. Les héros et les traîtres sont bien loin d'être tout d'une pièce.

ROLAND symbolise les plus pures vertus chevaleresques : dévouement total au suzerain, à la patrie, au devoir. Mais il est aussi, dans ces vertus même, l'homme de la démesure, de la témérité allant jusqu'à une inconscience coupable. Olivier n'a pas tort de lui reprocher son refus de sonner du cor quand il est encore temps : le désastre de l'arrière-garde en sera la conséquence. C'est précisément cette faute que son sacrifice expie, en le menant, dans l'absolue logique de l'héroïsme, jusqu'à la sainteté. Mais cette âme d'airain est aussi capable d'attendrissement, et aucune scène n'est plus touchante à cet égard que celle de la mort d'Olivier. Ce champion plein de jactance dans le défi sait aussi mourir avec soumission et humilité.

C'est un rôle ingrat que d'incarner, en face de la prouesse, la sagesse. Pourtant personne ne peut voir en OLIVIER une froide allégorie représentant le cliché médiéval de *Sapientia* (« Sagesse ») opposée à *Fortitudo* (« Courage »). Ne pouvant faire entendre à Roland la voix de la raison, il ne se montre pas moins preux, dans la bataille, que s'il croyait possible la victoire. Quand enfin Roland sonne du cor, il a le mérite de lui rappeler ce qu'exige un sentiment intransigeant de l'honneur. Son héroïsme n'est pas amoindri, tant s'en faut, de s'accompagner de lucidité.

La figure de l'archevêque TURPIN est assez extraordinaire : ce prêtre-soldat frappe de grands coups d'épée avec la même ardeur qu'il sermonne ou bénit. Il meurt invaincu, maître, avec Roland, du champ de bataille, non sans faire un dernier acte de charité chrétienne, quand, après avoir béni les morts, il tente, malgré son extrême faiblesse, d'aller chercher de l'eau pour ranimer Roland évanoui. Cette fin revêt un sens profond.

Le personnage de CHARLEMAGNE pourrait parfois sembler assez déconcertant. Chef suprême des Francs, il paraît manquer d'esprit de décision et s'en remettre trop aisément aux avis de son conseil. C'est que l'empereur à la barbe fleurie, à qui ses ennemis prêtent plus de deux cents ans, et qui n'en a pas moins la force physique de vaincre au combat le plus vigoureux des rois païens, est en réalité bien plus qu'un chef temporel : inspiré de Dieu, qui lui envoie ses anges et l'avertit par des songes prophétiques, il a pour mission sur terre de voir ce que les autres ne voient pas, sans pouvoir empêcher l'enchaînement fatal des événements, avec le seul privilège de les ressentir plus douloureusement qu'aucun autre. La « peineuse vie » des êtres marqués par le destin pour commander aux hommes est son lot, et rien n'est plus pathétique à cet égard que les derniers vers de la chanson, qui lui promettent de nouvelles épreuves.

Il n'est pas jusqu'au traître du drame, GANELON, qui ne soit un caractère complexe et plein de vérité humaine, dans ses contradictions. C'est un chevalier estimé et irréprochable jusqu'au moment où la haine l'égare, et même quand il s'est résolu à la trahison, il a des sursauts de fierté et des gestes téméraires en face de ses complices païens. L'auteur n'a pas voulu en faire une pure incarnation du Mal.

Ajoutons, à ces remarques sur les caractères, que l'auteur de la Chanson sait décrire avec vigueur — c'est la loi du genre — les grands coups d'épieu et d'épée, mais aussi évoquer — mérite beaucoup plus rare — l'éclat des armes au soleil et la stridence des clairons, tout le pittoresque exotique et effrayant d'une armée de Sarrasins, un paysage grandiose et tragique — *Halt sunt li pui e li val tenebrus* (voir vers 814 et note) —, la figure délicate et discrète d'une jeune fille qui meurt d'amour (laisses CCLXVIII-CCLXIX).

On se convaincra sans peine que l'auteur de *la Chanson de Roland* est un très grand poète.

Mais qui est cet auteur?

Turoldus

A la différence de la plupart des chansons de geste, *la Chanson de Roland* est signée, puisqu'on lit au dernier vers :

> *Ci falt la geste que Turoldus declinet.*

Est-ce à dire que Turoldus soit l'auteur du poème? Beaucoup de savants le pensent, mais rien n'est assuré, faute qu'on puisse interpréter avec certitude les mots *geste* et *declinet*.

Du sens qu'il convient d'attribuer à ces deux mots dépend le rôle qu'on assigne à Turoldus : auteur, traducteur, remanieur, récitant ou copiste.

Geste signifie généralement, dans la *Chanson*, la source autorisée, latine ou autre, réelle ou inventée, dont l'auteur se recommande à plusieurs reprises (vers 1443, 1685, 2095, 3181, 3262, 3742) : c'est, selon Lucien Foulet, l' « histoire rapportée par écrit des hauts faits d'un peuple ou d'une famille ». Au vers 788, le mot signifie : « famille dont les exploits sont historiques » (L. Foulet). Mais *geste* est attesté aussi aux sens d' « histoire héroïque » et de « poème ». Pour le vers 4002, rien ne permet de décider entre les sens de « source historique » et de « poème ».

Decliner est un latinisme, francisation de *declinare*. Il a été interprété de la façon la plus diverse : « transcrire », « recopier », « traduire », « narrer », « faire connaître », « présenter », « débiter », « amplifier poétiquement », « achever », et aussi « dessiner » ou « broder sur une tapisserie »; on a même proposé « défaillir » et donné l'interprétation : « Ici s'arrête la '' geste '', car Turoldus est à bout de forces. »!

On ne saurait décider avec sûreté, mais les deux interprétations les plus vraisemblables font de Turoldus, soit l'auteur de la source dont s'est inspiré le poète, soit l'auteur du poème lui-même. Il arrive assez souvent, au Moyen Age, qu'un auteur cite son nom au commencement ou à la fin de son œuvre.

Le nom de *Turoldus* représente une forme latinisée du nom normand *Turold*, venant de l'ancien norrois *Thorvaldr* « puissance du dieu Thor », qui existe aujourd'hui comme patronyme sous diverses formes : *Thouroude, Théroude, Troude*.

On a cherché à identifier le signataire de la *Chanson* avec divers Turoldus cités dans les textes de la fin du XIᵉ siècle. Une hypothèse assez en faveur retient Turoldus de Fécamp ou de Peterborough, demi-frère de Guillaume le Conquérant, successivement moine à Fécamp, chanoine à Bayeux, abbé de Malmesbury, après la bataille de Hastings à laquelle il a participé, enfin abbé de Peterborough, où il meurt en 1098. C'est une étonnante figure de moine-guerrier, dont le rôle a été important pour imposer la dynastie normande en Angleterre ; il n'est pas sans évoquer le personnage de l'archevêque Turpin.

Il y a bien des rapports entre ce qu'on sait de la vie de ce Turoldus et *la Chanson de Roland*. Plusieurs témoignages — Gui de Ponthieu, Guillaume de Malmesbury, Maistre Wace — rapportent qu'une « *cantilena Rollandi* » fut entonnée, à la bataille de Hastings (1066), par un jongleur nommé Taillefer *(incisor ferri)*.

D'autre part, dans la célèbre *Tapisserie de Bayeux*, véritable épopée graphique sur la bataille de Hastings, et contemporaine de *la Chanson de Roland*, on lit le nom *Turolà*. C'est plutôt celui d'un guerrier de haute taille que celui d'un petit personnage à costume de jongleur qui tient la bride des chevaux. On a renoncé à voir là une allusion à l'auteur de *la Chanson*.

Quoi qu'il en soit, et bien que la *Chanson* soit évidemment écrite à la gloire des « Francs de France », ses attaches avec la Normandie et les Normands du XIᵉ siècle, dont les exploits en Italie et en Europe centrale sont célèbres, ne peuvent être contestées.

Cl. Giraudon

HISTOIRE ET LITTÉRATURE
AU MOYEN AGE

Histoire   **Littérature**

772-774 - Un *Rothlandus* est cité parmi les *fideles* palatins de Charlemagne, à Herstal.

Printemps 777 - Yaqzan Ibn Al Arabi, gouverneur de Barcelone, rencontre Charles à Paderborn et l'incite à intervenir en Espagne contre l'émir de Cordoue.

Avril 778 - Charles franchit les Pyrénées, occupe Pampelune, échoue devant Saragosse et repart pour la France, emmenant Al Arabi prisonnier. Les fils d'Al Arabi délivrent leur père par un coup de main exécuté contre les troupes de Charlemagne, en Navarre.

15 août 778 - L'arrière-garde de l'armée de Charles est attaquée et détruite par les Basques ou les Gascons dans les défilés des Pyrénées, au nord de Roncevaux.

782 - Un chef saxon, Witikind, détruit complètement une armée franque ; Charlemagne fait massacrer 4 500 otages.

Noël 800 - Charlemagne est couronné empereur par le pape Léon III, dans la Basilique Saint Pierre, à Rome.

Début du IXe siècle - Les *Annales Regni Francorum* mentionnent l'échec de Charles devant Saragosse, sa retraite, l'extermination de son arrière-garde.

830 - Éginhard, dans sa *Vita Karoli*, raconte l'attaque des Basques contre l'arrière-garde de Charles, dans les défilés des Pyrénées, et cite parmi les victimes Anselme, Eggihard et Roland (*Hruodlandus, Britannici limitis praefectus*).

840 - *Vita Hludovici imperatoris*, du chroniqueur dit « l'astronome limousin ».

Vers 888 - *De gestis Caroli Magni*, poème du « poète saxon », d'après Éginhard.

Seconde moitié du Xe siècle - *Vie de saint Léger*.

987 - Hugues Capet est élu et sacré roi de France.

Vers 1000 - Existence d'une chanson de Roland postulée, peut-être, par l'anecdote sur *Alstingus* et le *signifer Rothlandus*, dans *De moribus et actis primorum Normanniae ducum*, écrit entre 1015 et 1020 par Dudon de Saint-Quentin.

1040-1050 - *Vie de saint Alexis*.

Histoire   **Littérature**

1063 - Première croisade d'Espagne.

1064 - Conquête de Barbastre sur les Musulmans.

> **Vers 1065-1075 -** *Nota Emilianense*, résumé en latin d'un récit en langue romane d'Espagne : cite la venue de Charlemagne à Saragosse avec douze « neveux » (dont Roland, Bertrand, Ogier, Guillaume au nez courbe, Olivier et Turpin) et l'extermination de . l'arrière-garde, avec Roland, à Roncevaux.

1066 - Conquête de l'Angleterre par Guillaume de Normandie. Bataille de Hastings, où, selon Guillaume de Malmesbury, aurait été chantée une *cantilena Rollandi*.

1086 - Défaite d'Alphonse VI de Castille, vaincu à Zalaca (Sagrajas) par les Almoravides.

27 novembre 1095 - Concile de Clermont-Ferrand : le pape Urbain V exhorte les chrétiens à délivrer le Saint Sépulcre.

1096 - Croisade populaire de Pierre l'Ermite.

1097 - Croisade de Godefroi de Bouillon.

15 juillet 1099 - Prise de Jérusalem et fondation du royaume de Jérusalem.

12 août 1099 - Victoire d'Ascalon, sur l' « émir de Babylone » (le calife fatimide du Caire).

> **Vers 1100 -** Composition de *la Chanson de Roland* (version ms. d'Oxford). Composition des *Chansons* de Guillaume de Poitiers (en langue d'oc).

Après 1100 - Les noms d'Olivier et de Roland commencent à être donnés, dans cet ordre, à des frères, comme noms de baptême.

> **1125-1150 -** Copie du manuscrit d'Oxford.
> **(?)** *Pèlerinage de Charlemagne.*
>   *Gormont et Isembart.*
>   *Chanson de Guillaume.*
> **Vers 1140 -** *Poema del Cid.*
> **Vers 1150 -** *Historia Karoli Magni et Rotholandi*, du Pseudo-Turpin.
> **1170 -** *Ruolandesliet*, du prêtre bavarois Konrad.
> **Fin XIIᵉ siècle -** Les *Roncevaux*, refontes de *la Chanson de Roland*, en vers rimés.
> **Vers 1200 -** *Carmen de prodicione Guenonis.*
> **XIVᵉ siècle -** Copie du ms. V 4 de *la Chanson de Roland*, assonancée, en franco-vénitien.

BIBLIOGRAPHIE SOMMAIRE

Parmi le nombre considérable des travaux consacrés à *la Chanson de Roland*, nous ne retiendrons ici que quelques études importantes. Pour plus de détails, on consultera :

Robert Bossuat, *Manuel bibliographique de la littérature française du Moyen Age*, Paris, 1951, 1955, 1961;

Bulletin bibliographique de la Société Rencesvals, 6 fasc. parus, 1958-1971, A.-G. Nizet éd., Paris;

et les notices bibliographiques des ouvrages cités ci-dessous :

Gaston Paris, *Histoire poétique de Charlemagne*, Paris, 1905.

Léon Gautier, *les Épopées françaises*, 4 vol., Paris, 1878-1894.

Joseph Bédier, *les Légendes épiques*, 4 vol., Paris, 1927 (le tome III est consacré à *la Chanson de Roland*).

Joseph Bédier, *la Chanson de Roland commentée*, Piazza, Paris, 1927.

Edmond Faral, « *la Chanson de Roland* », *étude et analyse*, Mellottée, Paris, 1933.

Italo Siciliano, *les Origines des chansons de geste*, traduit de l'italien par P. Antonetti, Picard, Paris, 1951.

Jean Rychner, *la Chanson de geste, Essai sur l'art épique des jongleurs*, Droz et Giard, Genève-Lille, 1955.

Martin de Riquer, *les Chansons de geste françaises*, traduction française d'I. Cluzel, A.-G. Nizet, Paris, 1957.

Ramón Menéndez Pidal, *la Chanson de Roland et la tradition épique des Francs*, 2e édition, avec le concours de René Louis, traduction française d'I. Cluzel, A. et J. Picard, Paris, 1960.

La Chanson de Roland, edited by F. Whitehead, B. Blackwell, Oxford, 1965.

Pierre Le Gentil, *la Chanson de Roland*, « Connaissance des Lettres », Hatier, Paris, 2e édition, 1967.

Sur l'iconographie de *la Chanson de Roland* :

Rita Lejeune et Jacques Stiennon, *la Légende de Roland dans l'art du Moyen Age*, 2 vol., Bruxelles, 1966.

Olifant, dit cor de Roland
(art hispano-arabe XIe siècle)
Cl. Archives photographiques

Première partie

LA MORT DE ROLAND

LA TRAHISON

1. Le Conseil de Marsile

I

Charles le roi, notre empereur, le Grand,
est resté sept ans tout pleins en Espagne :
il a conquis jusqu'à la mer la terre haute.
Il n'y a pas de château qui résiste devant lui;
il n'est resté ni mur ni cité à forcer,   5
hors Saragosse, qui est sur une montagne.
Le roi Marsile la tient, qui n'aime pas Dieu,
Il sert Mahomet et invoque Apollin :
il ne peut empêcher que le malheur ne l'atteigne là-bas. AOI.

II

Le roi Marsile se tient à Saragosse.   10
Il est allé dans un verger, sous l'ombrage.
Il se couche sur un perron de marbre bleu;
autour de lui, plus de vingt mille hommes.
Il appelle ses ducs et ses comtes :
« Apprenez, seigneurs, quel malheur nous accable.   15
» L'empereur Charles de douce France
» est venu nous confondre dans ce pays.

N.-B. Les notes, dans cet ouvrage, se réfèrent au numéro des vers.

---

1. *Charles le Grand* est la traduction littérale de *Carolus* (ou Karolus, voir p. 20) *Magnus*, francisé en *Charlemagne*. — 2. Dans la réalité, Charlemagne n'est resté en Espagne que quelques mois, en 778. — 3. La *terre haute :* l'Espagne, pays montagneux. — 6. *Saragosse* est située dans la vallée de l'Èbre, et non *sur une montagne.* — 7. *Marsile :* on ne connaît aucun personnage historique de ce nom. — 8. *Mahomet, Apollin :* on ignore, dans les chansons de geste, que les Musulmans sont monothéistes, et on leur attribue trois « dieux » : *Mahomet*, en réalité le prophète fondateur de l'Islam, *Apollin* qui ne doit pas être l'Apollon de l'Antiquité grecque, mais doit représenter un mot arabe signifiant « Sathan », « le Maudit », et *Tervagant* (orig. incon.). — 9. Le texte d'ancien français comporte, à la fin de ce vers, les trois lettres AOI, qui reviennent 180 fois dans la Chanson, le plus souvent en fin de laisse. On en ignore le sens, malgré de très nombreuses hypothèses; il s'agit peut-être d'une exclamation d'encouragement et d'enthousiasme comparable au refrain *ahoi* de certaines chansons de marche allemandes. — 14. *Ducs* (latin *duces*, « chefs »), *comtes* (latin *comites*, « compagnons ») désignent les deux degrés les plus élevés de la hiérarchie féodale après le roi. — 16. *Douce France :* « France où il fait bon vivre ».

» Je n'ai pas d'armée qui puisse lui livrer bataille,
» et je n'ai pas de gens capables de briser la sienne.
» Conseillez-moi comme mes sages,   20
» préservez-moi de mort et de honte! »
Il n'y a aucun païen qui réponde un seul mot,
hormis Blancandrin du Château de Valfonde.

III

Blancandrin était parmi les plus sages païens;
par sa vaillance, il était bon chevalier,   25
il y avait en lui un homme avisé pour assister son seigneur;
il dit au roi : « Ne vous troublez pas!
» Envoyez à Charles, l'orgueilleux et le fier,
» l'assurance de fidèles services et de grandes amitiés.
» Vous lui donnerez des ours, des lions, des chiens,   30
» sept cents chameaux et mille autours sortis de mue,
» quatre cents mulets chargés d'or et d'argent,
» cinquante chars dont il fera un charroi :
» il pourra largement payer ses soldats.
» Il a assez longtemps guerroyé dans cette terre :   35
» il doit bien s'en retourner en France, à Aix.
» Vous le suivrez à la fête de saint Michel,
» vous recevrez la loi des chrétiens,
» vous serez son vassal en honneur et en bien.
» S'il veut des otages, envoyez-lui-en,   40
» dix ou vingt, pour le mettre en confiance.
» Envoyons-y les fils de nos épouses :
» je lui enverrai le mien, au risque qu'il soit tué.
» Il vaut bien mieux qu'ils y perdent leurs têtes,
» plutôt que, nous, nous perdions nos honneurs et nos dignités,   45
» et que nous soyons réduits à mendier! »

IV

Blancandrin dit : « Par ma main droite que voici
» et par la barbe qui flotte au vent sur ma poitrine,
» vous verrez aussitôt se défaire l'armée des Français,
» les Francs s'en iront en France, leur terre.   50

---

23. *Valfonde* : lieu inconnu. — 30-31. Ces présents exotiques, d'une prodigieuse richesse, évoquent pour les imaginations du temps les prestiges de l'Orient. Les autours sont des éperviers dressés pour la chasse. — 36. *Aix* : Aix-la-Chapelle, la capitale de Charlemagne, qui est alors en France, patrie des Francs. En réalité, Aix-la-Chapelle fut fondée bien des années après la bataille de Roncevaux. — 37. La *fête de saint Michel* est une réunion de la Cour, comme les rois francs en tenaient par intervalles. — 39. Blancandrin propose que Marsile promette de rendre hommage à Charlemagne et de le reconnaître comme suzerain; il pourrait ainsi conserver son royaume d'Espagne. Mais il ne s'agit que d'une fausse soumission. — 49-50. *Francs* et *Français* sont des termes synonymes.

» Quand chacun sera dans son meilleur domaine,
» que Charles sera à Aix, sa chapelle,
» il tiendra à la Saint-Michel une très grande fête.
» Le jour viendra, le terme passera,
» il n'entendra de nous ni paroles ni nouvelles.   55
» Le roi est orgueilleux et son cœur est cruel :
» il fera trancher les têtes de nos otages.
» Il vaut bien mieux qu'ils y perdent leurs têtes
» plutôt que nous perdions la claire, la belle Espagne,
» et que nous subissions les maux et les misères! »   60
Les païens disent : « Il peut bien en être ainsi! »

V

Le roi Marsile avait tenu son conseil.
Il appela Clarin de Balaguer,
Estamarin et Eudropin, son pair,
et Priamon et Guarlan le barbu,   65
et Machiner et son oncle Maheu,
et Joüner et Malbien d'Outremer,
et Blancandrin, pour exposer l'affaire.
Parmi les plus félons, il en appelle dix :
« Seigneurs barons, vous irez à Charlemagne.   70
» Il est au siège de la cité de Cordres.
» Vous porterez en vos mains des branches d'olivier :
» cela signifie paix et humilité.
» Si, par votre adresse, vous pouvez m'accorder avec lui,

---

63 et suiv. Les païens ont des noms de fantaisie, pittoresques, souvent co-
miques; aucun d'eux n'est d'origine arabe. *Balaguer :* place forte de Catalogne,
longtemps disputée entre les Sarrasins et les chrétiens. *Cordres :* peut-être
Cordoue, en Andalousie, ou Cortès, en Aragon.

■■■

● **Dans le vif du sujet**

① Montrer comment l'auteur de la Chanson engage d'emblée
l'action en nous faisant assister au conseil de Marsile. Quels pro-
blèmes se posent au roi païen? Sous quel jour les Sarrasins sont-ils
présentés? Quels sont les éléments dramatiques de ce début?

② Observer les traits de similitude entre la peinture du monde
païen et celle du monde chrétien : institutions, titres des personnages, coutumes. Comparer ce conseil avec celui de Charlemagne
(v. 169 et suiv.).

③ Relever les traits qui créent l'exotisme de la scène.

■■■

» je vous donnerai or et argent en quantité,   75
» terres et fiefs autant que vous en voudrez. »
Les païens disent : « Avec cela, nous serons comblés ! »

VI

Le roi Marsile avait tenu son conseil.
Il dit à ses hommes : « Seigneurs, vous partirez;
» vous porterez en vos mains des branches d'olivier,   80
» vous direz de ma part au roi Charlemagne
» qu'au nom de son Dieu il ait pitié de moi.
» Il ne verra pas passer ce premier mois
» que je ne le suive avec mille de mes fidèles;
» je recevrai la religion chrétienne,   85
» je serai son homme en tout amour et bonne foi.
» S'il veut des otages, il en aura assurément. »
Blancandrin : « Vous aurez ainsi un fort bon accord. »

VII

Marsile fit amener dix mules blanches
que lui avait envoyées le roi de Suatille.   90
Les freins sont d'or, les selles, incrustées d'argent.
Ils sont à cheval, ceux qui allaient faire le message;
dans leurs mains, ils portent des branches d'olivier.
Ils vinrent à Charles, qui a charge de la France :
celui-ci ne peut se garder qu'ils ne le trompent en quelque façon.

2. L'ambassade de Blancandrin

VIII

L'empereur se fait gai et joyeux :
il a pris Cordres et en a mis en pièces les murailles,
avec ses pierrières il en a abattu les tours;
ses chevaliers en ont un grand butin
d'or, d'argent et d'équipements de prix.   100
Dans la cité, il n'est pas resté un païen
qui ne soit tué ou ne devienne chrétien.

---

76. *Fiefs* : un fief (du francique, dialecte germanique des Francs, **fehu*, « bétail ») est le plus souvent un domaine dont le suzerain confie le gouvernement à un vassal. — 90. *Suatille* : royaume inconnu. — 91. *Freins* : « rênes ». — 98. *Pierrières* : machines de guerre, balistes lançant des blocs de pierre, en usage depuis l'Antiquité. — 102. Il est courant, dans les chansons de geste, que les païens vaincus soient massacrés ou convertis de force : cf. v. 3666-3671. La conversion en masse est un trait qui appartient au temps de Charlemagne, et non à celui des croisades : au XIe siècle, c'est plutôt l'extermination qui est pratiquée.

L'empereur est dans un grand verger,
avec lui Roland et Olivier,
le duc Sanson et Anseïs le fier,   105
Geoffroi d'Anjou, le gonfalonier du roi;
y étaient aussi Gérin et Gérier;
et là encore où ils étaient, il y en avait beaucoup d'autres :
quinze milliers de la douce France.
Les chevaliers sont assis sur de blanches étoffes de soie;   110
pour se divertir, les plus sages et les vieux
jouent aux tables et aux échecs,
et les jeunes, agiles, font de l'escrime.
Sous un pin, près d'un églantier,
on a dressé un trône, tout d'or pur :   115
là est assis le roi qui gouverne la douce France.
Il a la barbe blanche et le chef tout fleuri;
son corps est beau et son maintien est fier :
si quelqu'un le demande, il n'est pas besoin de le désigner.

104-107. *Roland* a existé réellement, cf. Introduction, p. 5; mais non *Olivier*,
ni non plus *Sanson*, *Anseïs*, *Gérin* et *Gérier; Geoffroi d'Anjou* a peut-être pour
origine Geoffroi Ier Grisegonelle (954-986) ou Geoffroi II Martel (1050-1060).
Le *gonfalonier* porte le gonfalon ou gonfanon, l'enseigne du roi. — 112. *Tables :*
sorte de jeu de trictrac ou de jacquet. Le jeu d'*échecs* (du persan *shâh*, « roi »)
avait été introduit à date récente en Occident, par l'intermédiaire des Arabes
d'Espagne.

● **Le portrait de Charlemagne** — « La légende du Moyen Age a
fait du grand Charles un magnifique colosse à la barbe blanche,
rempli de majesté. Son biographe et ami Éginhard le décrit
tel qu'il l'a connu : grand sans excès, robuste, yeux vifs, beaux
cheveux blancs, digne, mais jovial et ouvert. Il porte la moustache, mais il n'est point question de la barbe que lui prêtera
une légende généreuse. Une statuette du musée du Louvre,
qui paraît de l'époque, le représente avec la moustache et sans
barbe. Ainsi le figurent tous les documents iconographiques de
quelque authenticité » (J. Calmette, *le Moyen Age*, A. Fayard,
1948, p. 91).

① Comparer, avec ce portrait, celui qu'on peut tracer du personnage légendaire, d'après les vers 117-118 et 140-143.

② Montrer comment l'auteur, rejetant toute recherche d'un
effet de surprise, énonce, dès le début de la Chanson, certains
faits importants du drame qui va se nouer. Quelles notations
(attitudes, gestes, actions, réflexions) confèrent à la scène son
accent dramatique ?

Et les messagers mirent pied à terre,   120
ils le saluèrent par amitié et en tout bien.

IX

Blancandrin a parlé tout le premier,
et dit au roi : « Soyez sauvé par Dieu,
» le Glorieux, que nous devons adorer!
» Voici ce que vous mande le roi Marsile, le vaillant :   125
» il a bien recherché la religion de salut.
» Il veut vous donner quantité de ses richesses,
» ours et lions et vautres tenus en laisse,
» sept cents chameaux et mille autours sortis de mue,
» quatre cents mulets troussés d'or et d'argent,   130
» cinquante chars dont vous ferez un charroi;
» il y aura tant de besants d'or fin
» que vous pourrez en payer largement vos soldats à gage.
» Vous êtes resté assez longtemps dans ce pays;
» vous devez bien retourner en France, à Aix.   135
» C'est là, à ce qu'il dit, que vous suivra mon maître. »
L'empereur tend les mains vers Dieu,
il baisse la tête, il commence à méditer.

X

L'empereur tient la tête inclinée.
Dans sa parole, il n'a jamais été porté à la hâte :   140
sa coutume est de parler à loisir.
Quand il se redresse, il a le visage plein de fierté;
il dit aux messagers : « Vous avez fort bien parlé.
» Le roi Marsile est mon grand ennemi;
» ces paroles que vous avez rapportées ici,   145
» dans quelles conditions pourrai-je m'y fier?
 — Il veut que ce soit par otages, dit le Sarrasin,
» dont vous aurez dix, quinze ou vingt.
» Au péril de sa vie, j'y mettrai un fils que j'ai,
» et vous en aurez, je pense, de plus nobles encore.   150
» Quand vous serez dans le palais seigneurial,
» à la grande fête de Saint-Michel-du-Péril,
» mon maître vous suivra, il l'assure.
» Dans vos bains, que Dieu fit pour vous,
» il voudra devenir chrétien. »   155
Charles répond : « Il pourra encore sauver son âme. »

---

128. *Vautres* : chiens de chasse. — 128-131. C'est ici la répétition presque mot pour mot des vers 30-33; les répétitions sont fréquentes dans les chansons de geste. — 132. *Besants* : monnaie d'or de Byzance. — 152. *Saint-Michel-du-Péril* : l'archange saint Michel est couramment désigné au Moyen Age par allusion à son célèbre sanctuaire du Mont-Saint-Michel, appelé aussi Saint-Michel-du-Péril-de-la-Mer, en Normandie. — 154. *Vos bains* : allusion à Aix-la-Chapelle, ville d'eaux (*Aix* vient du latin *Aquis*, « les Eaux »).

XI

L'après-midi était beau et le soleil clair.
Charles fait mettre les dix mulets à l'étable.
Dans le grand verger, le roi fait dresser une tente,
il y a fait loger les dix messagers; 160
douze serviteurs les ont bien approvisionnés.
Ils y demeurent la nuit jusqu'à la venue du jour clair.
L'empereur s'est levé au matin,
Il a écouté messe et matines.
Le roi s'en est allé sous un pin, 165
il appelle ses barons pour tenir son conseil :
il veut, en tout, procéder avec l'aide de ceux de France.

XII

L'empereur s'en va sous un pin,
il mande ses barons pour tenir son conseil,
le duc Ogier et l'archevêque Turpin, 170
Richard le Vieux et son neveu Henri,
et le preux comte de Gascogne, Acelin,
Thibaud de Reims et Milon, son cousin,
et il y eut aussi Gérier et Gérin;
avec eux y vint le comte Roland, 175
et Olivier, le preux et le noble;
parmi les Francs de France, il y en a plus de mille;
Ganelon y vint, qui fit la trahison.
Alors commence le conseil qui tourna mal.

XIII

« Seigneurs barons, dit l'empereur Charles, 180
» le roi Marsile m'a envoyé ses messagers.
» Il veut me donner grande quantité de son bien,
» ours et lions et vautres à tenir en laisse,
» sept cents chameaux et mille autours mués,
» quatre cents mulets chargés de l'or d'Arabie, 185
» avec cela, plus de cinquante chars.
» Mais il me demande de m'en aller en France :
» il me suivra à Aix, en ma demeure,

---

170. *Ogier de Danemark*, héros de plusieurs chansons de geste, d'abord révolté contre Charlemagne avant de devenir son plus fidèle compagnon, doit son nom à un personnage historique, Autcharius Francus, qui défendit les droits des jeunes orphelins de Carloman contre Charlemagne. Il était mort lors de la bataille de Roncevaux. *Turpin* fut évêque de Reims de 756 jusqu'à sa mort, entre 789 et 794, bien après le désastre où la Chanson le fait périr. — 171. *Richard le Vieux* a pour original Richard Ier de Normandie, qui régna de 943 à 996, deux siècles après Roncevaux. Sa tombe était vénérée à l'abbaye de Fécamp. *Henri* est purement légendaire. — 172-174. De même, *Acelin, Thibaud de Reims, Milon;* cf. v. 104-107. — 178. *Ganelon :* cf. Introduction, p. 6, la note 277 et le commentaire p. 27; *qui fit la trahison :* l'évangile de saint Luc (VI, 16) cite Judas « *qui fuit proditor* ».

» alors il recevra notre loi, la plus sainte;
» il sera chrétien, il tiendra de moi ses marches;   190
» mais je ne sais quelles sont les intentions de son cœur. »
Les Français disent : « Il convient d'être sur nos gardes. »

XIV

L'empereur avait terminé son discours.
Le comte Roland, qui ne donne pas son accord,
se dresse sur ses pieds et vient y contredire.   195
Il dit au roi : « Malheur si vous croyez Marsile!
» Il y a sept ans tout pleins que nous vînmes en Espagne;
» Je vous conquis Noples et Commibles,
» J'ai pris Valterne et la terre de Pine,
» Et Balaguer, et Tudèle, et Sézille :   200
» Là, le roi Marsile fit une grande trahison,
» il envoya quinze de ses païens,
» chacun portait une branche d'olivier;
» ce sont ces mêmes paroles qu'ils prononcèrent.
» Vous en prîtes conseil auprès de vos Français,   205
» ils vous donnèrent un avis bien léger;
» vous envoyâtes au païen deux de vos comtes,
» l'un était Basan et l'autre Basile;
» il prit leurs têtes dans les montagnes, sous Haltille.
» Faites la guerre comme vous l'avez entreprise,   210
» menez à Saragosse votre armée rassemblée,
» mettez-y le siège, toute la durée de votre vie,
» vengez ceux que le traître fit tuer. »

XV

L'empereur tient la tête baissée,
il lisse sa barbe, arrange sa moustache,   215
ne répond à son neveu ni en bien ni en mal.
Les Français se taisent, excepté Ganelon.
Il se dresse sur ses pieds, il vient devant Charles,
très fièrement, il commence son propos
et dit au roi : « Malheur si vous croyez un coquin,   220
» moi ou un autre, sinon dans votre intérêt.
» Quand le roi Marsile vous mande
» que, les mains jointes, il deviendra votre homme,
» et qu'il tiendra toute l'Espagne de votre faveur,
» puis recevra la religion que nous observons,   225
» celui qui vous conseille que nous rejetions cet accord,

---

198. *Noples* : peut-être Pampelune; *Commibles* : non identifié. — 199. *Val-*
terne : probablement Valtierra, sur l'Èbre; la *terre de Pine*, Piña, près de Saragosse, ou la Peña, près de Jaca. — 200. *Tudèle* est en Navarre, sur l'Èbre; *Sézille*
est inconnu. — 208. *Basan* et *Basile* ne sont cités que dans *la Chanson de Roland.*
— 209. *Haltille* (*Haltoïe* au v. 491) : localité non identifiée.

» il ne lui importe, sire, de quelle mort nous pourrions mourir.
» Il ne faut pas qu'un conseil d'orgueil l'emporte;
» laissons les fous, tenons-nous-en aux sages. »

XVI

Après cela Naimes est venu.   230
Il n'y avait pas à la cour de meilleur vassal.
Il dit au roi : « Vous l'avez bien entendu :
» voilà ce que le comte Ganelon vous a répondu;
» il y a là de la sagesse, à condition qu'il soit entendu.
» Le roi Marsile est vaincu à la guerre :   235
» vous lui avez enlevé tous ses châteaux;
» avec vos machines, vous avez brisé ses murs,
» brûlé ses cités et vaincu ses hommes.
» Quand il vous mande que vous l'ayez à votre merci,
» on ferait péché si on lui en faisait davantage.   240
» Puisqu'il veut vous assurer par des otages,
» cette grande guerre ne doit pas durer plus longtemps. »
Les Français disent : « Le duc a bien parlé. »

3. Le choix d'un ambassadeur

XVII

« Seigneurs barons, qui enverrons-nous là-bas,
» à Saragosse, au roi Marsile? »   245
Le duc Naimes répond : « J'irai, avec votre permission.
» Livrez m'en tout de suite le gant et le bâton. »
Le roi répond : « Vous êtes un homme plein de sagesse;
» par cette barbe et par ma moustache,
» vous n'irez pas maintenant si loin de moi.   250
» Allez vous asseoir, quand personne ne vous requiert. »

XVIII

« Seigneurs barons, qui pourrons-nous envoyer
» au Sarrasin qui tient Saragosse? »
Roland répond : « Je puis très bien y aller!
— Vous n'irez pas, assurément, dit le comte Olivier,   255
» votre caractère est ombrageux et farouche :
» Je craindrais que vous ne vous battiez.
» Si le roi veut, je puis bien y allèr. »

---

230. *Naimes* représente, dans l'épopée française, le type du sage conseiller, comme Nestor dans l'*Iliade*. Il n'est pas indifférent de noter qu'il se range à l'avis de Ganelon, non pas, comme celui-ci, au nom d'un pacifisme pratique, mais pour des motifs de caractère religieux. — 247. Le *gant* et le *bâton* symbolisent la main et le sceptre du suzerain; il délègue son autorité en les confiant à un ambassadeur. Le gant offert par un vassal à un suzerain est un signe d'allégeance; cf. v. 2365, 2373 et 2389.

Le roi répond : « Taisez-vous tous les deux!
» Ni vous ni lui n'y porterez les pieds.   260
» Par cette barbe que vous voyez toute blanche,
» malheur si l'un des douze Pairs est désigné! »
Les Français se taisent, les voilà rendus cois.

XIX

Turpin de Reims s'est levé du rang
et dit au roi : « Laissez vos Francs en repos!   265
» Vous êtes resté sept ans dans ce pays :
» ils ont eu bien des peines et des souffrances.
» Donnez-moi, sire, le bâton et le gant,
» et j'irai auprès du Sarrasin d'Espagne,
» Ainsi je vais un peu voir l'air qu'il a. »   270
L'empereur répond avec colère :
« Allez vous asseoir sur ce tapis blanc!
» N'en parlez plus, si je ne vous le commande! »

XX

« Francs chevaliers, dit l'empereur Charles,
» désignez-moi un baron de ma marche   275
» qui puisse porter mon message à Marsile. »
Roland dit : « Ce sera Ganelon, mon parâtre. »
Les Français disent : « Il peut bien s'en acquitter.
» Si vous le récusez, vous n'en aurez pas de plus sage à envoyer. »
Et le comte Ganelon en fut tout suffocant.   280
Il arrache de son col ses grandes fourrures de martre,
il est resté en sa tunique de soie.
Il avait les yeux vairons et le visage fier,
le corps bien fait et la poitrine large;
il est si beau que tous ses pairs le contemplent.   285
Il dit à Roland : « Fou, pourquoi t'enrages-tu?
» On sait bien que je suis ton parâtre,
» et pourtant, tu as proposé que j'aille auprès de Marsile.
» Si Dieu permet que je revienne de là-bas,
» je te ferai un si grand tort   290
» qu'il durera autant que toute ta vie. »
Roland répond : « J'entends des propos d'orgueil et de folie.
» On le sait bien, je n'ai cure de menace.
» Mais c'est un homme sensé qui doit s'acquitter du message :
» si le roi veut, je suis prêt à le faire à votre place! »   295

---

262. Les *douze Pairs*, ou « Égaux », forment l'élite des chevaliers de Charlemagne; leur nombre est un souvenir des douze apôtres. Dans la Chanson, les douze Pairs sont : Roland, Olivier, Sanson, Anseïs, Gérin, Gérier, Ivon, Ivoire, Othon, Bérenger, Engelier et Gérard de Roussillon. — 277. *Mon parâtre* : « beau-père »; selon la tradition, Ganelon aurait épousé la sœur de Charlemagne, veuve de Milon et mère de Roland.

XXI

Ganelon répond : « Tu n'iras pas à ma place!
» Tu n'es pas mon vassal et je ne suis pas ton seigneur.
» Charles commande que je fasse son service :
» J'irai à Saragosse auprès de Marsile.
» Mais je jouerai quelque tour avant   300
» que je n'apaise le grand courroux où je suis. »
Quand Roland l'entend, il se met à rire.

XXII

Quand Ganelon voit que Roland s'en rit,
il en éprouve tant de douleur qu'il est bien près d'éclater de colère.
Peu s'en faut qu'il ne perde le sens.   305
Il dit au comte : « Je ne vous aime pas;
» Vous avez attiré sur moi une injuste décision.
» Droit empereur, me voici présent :
» je veux accomplir votre commandement. »

XXIII

» Je sais bien qu'il me faut aller à Saragosse.   310
» Celui qui va là-bas ne peut en revenir.
» Par-dessus tout, j'ai pour femme votre sœur,
» j'en ai un fils, il n'en peut exister de plus beau,
» c'est Baudouin, dit-il, qui sera un preux.
» C'est à lui que je lègue mes terres et mes fiefs.   315
» Gardez-le bien : je ne le verrai plus jamais de mes yeux. »
Charles répond : « Vous avez le cœur trop tendre,
» puisque je le commande, il faut vous en aller. »

● **L'action**

① Sur quel tragique malentendu l'action s'engage-t-elle?

② La désignation de Ganelon, proposée par Roland, est-elle
un piège, une vengeance, une insulte, ou au contraire une marque
d'estime?

● **Le personnage de Ganelon**

③ Noter la relative complexité du personnage de Ganelon,
dont l'auteur n'a pas voulu faire un traître vulgaire. Quels
mobiles amènent peu à peu à la trahison ce chevalier paré de
qualités physiques et morales, estimé des barons?
Si l'invention du personnage et de la trahison ne revient pas
à l'auteur (cf. p. 27), on remarquera, en revanche, quel parti
il a su en tirer pour l'intensité dramatique.

XXIV

Le roi dit : « Ganelon, approchez ;
» recevez le bâton et le gant.   320
» Vous l'avez entendu : c'est sur vous que les Francs portent leur
— Sire, dit Ganelon, c'est Roland qui a tout fait!   [choix.
» De toute ma vie je ne l'aimerai,
» ni Olivier, parce qu'il est son compagnon.
» Les douze Pairs, parce qu'ils l'aiment tant,   325
» ici, je les défie, sire, sous vos yeux. »
Le roi dit : « Vous avez trop de ressentiment.
» Vous irez maintenant, certes, puisque je le commande.
— Je puis bien y aller, mais je n'aurai aucun garant;
» ni Basile ni son frère Basan n'en eurent. »   330

XXV

L'empereur lui tend son gant, le droit;
mais le comte aurait voulu n'être pas là :
quand il eut à le prendre, il lui tomba à terre.
Les Français disent : « Dieu, que cela peut-il signifier?
» De ce message, il nous viendra une grande perte.   335
— Seigneurs, dit Ganelon, vous en entendrez des nouvelles! »

XXVI

« Sire, dit Ganelon, donnez-moi votre congé.
» Puisque je dois y aller, il n'y a plus à tarder. »
Le roi dit : « Au nom de Jésus et au mien! »
De sa main droite, il l'a absous et signé de la croix,   340
puis il lui livra le bâton et la lettre.

XXVII

Le comte Ganelon s'en va à son campement.
Il se met à se garnir d'équipements,
des meilleurs qu'il peut trouver :
il a fixé à ses pieds des éperons d'or,   345
il ceint Murgleis, son épée, à son côté;
il est monté sur Tachebrun, son destrier;
son oncle Guinemer lui tenait l'étrier.
Là, vous auriez vu pleurer tant de chevaliers,
qui tous lui disent : « Quelle pitié de votre valeur!   350
» Vous êtes resté longtemps à la cour du roi,
» on vous y appelle noble vassal.
» Celui qui jugea que vous deviez aller
» ne sera ni protégé ni défendu même par Charlemagne.
» Le comte Roland n'eût pas dû penser à cela,   355
» car vous êtes issu d'un bien grand lignage. »

---

352. *Vassal* (« jeune noble », gaulois *vassallus*) est à peu près synonyme de
« baron » et ne comporte rien de péjoratif, bien au contraire. — 356. *Lignage* :
« famille », « ascendance ».

Ensuite ils disent : « Sire, emmenez-nous! »
Ganelon répond : « Ne plaise au Seigneur Dieu!
» Il vaut mieux que je meure seul, plutôt que tant de bons chevaliers.
» Vous irez, seigneurs, en douce France :   360
» de ma part, saluez ma femme,
» et Pinabel, mon ami et mon pair,
» et Baudouin, mon fils, que vous connaissez;
» aidez-le et tenez-le pour votre seigneur. »
Il se met en route, il s'est acheminé.   365

4. Un pacte de trahison

XXVIII

Ganelon chevauche sous une haute oliveraie,
il s'est joint aux messagers sarrasins;
mais voici Blancandrin qui s'attarde auprès de lui;
l'un parle à l'autre avec grande astuce.
Blancandrin dit : « Charles est un homme merveilleux,   370
» lui qui conquit la Pouille et toute la Calabre!
» Il passa la mer salée pour aller en Angleterre
» et en gagna le tribut au bénéfice de saint Pierre :
» que demande-t-il de nous ici, dans notre province? »
Ganelon répond : « Tel est son caractère.   375
» Il n'y aura jamais personne qui vaille à côté de lui. »

---

362. *Pinabel* sera le champion de Ganelon dans le combat judiciaire qui
termine la Chanson; cf. v. 3780 et suiv. — 371. La conquête de la *Pouille* et de
la *Calabre* par Charlemagne appartient à la légende; c'est le sujet de *la Chanson
d'Aspremont*. Les deux provinces italiennes ont été effectivement conquises
par le Normand Robert Guiscard de Hauteville. — 372. Charlemagne ne s'est
pas davantage emparé de l'*Angleterre;* l'auteur lui attribue ici la victoire de
Guillaume de Normandie, le Conquérant. — 373. C'est le denier de *saint Pierre*,
tribut payé au pape par les rois d'Angleterre.

▪▪

- **Ganelon : les origines du personnage** — Le traître doit peut-être
  son nom à *Wanilo* ou *Wenilo*, archevêque de Sens, que Charles
  le Chauve dénonça au concile de Savonnières, en 859, comme
  l'ayant trahi pour de l'argent au profit de Louis le Germanique.
  Dans la *Vie de Saint Léger* (fin du Xe siècle), le nom de *Guenes*
  (cas sujet de *Guenelon*) est donné à un traître.

  D'autre part, vers la même époque (1015-1020), Dudon de Saint-
  Quentin rapporte une histoire selon laquelle un traître, nommé
  Alstingus, est cause de la mort au combat d'un vaillant guerrier
  franc, le *signifer Rothlandus* : il y a là une ressemblance, qui ne
  peut guère être fortuite, avec le thème de la Chanson.

▪▪

XXIX

Blancandrin dit : « Les Francs sont des hommes très nobles!
» Ils font grand mal à leur seigneur,
» ces ducs et ces comtes qui le conseillent ainsi :
» ils le tourmentent et l'accablent, et d'autres avec lui. »   380
Ganelon répond : « A vrai dire, je ne connais personne ainsi,
» hormis Roland, qui un jour en pâtira.
» Hier matin, l'empereur était assis à l'ombre;
» vint son neveu, qui avait revêtu sa brogne
» et avait fait du butin auprès de Carcasoine;   385
» en sa main, il tenait une pomme vermeille :
» Tenez, beau sire, dit Roland à son oncle,
» je vous donne en présent les couronnes de tous les rois!
» Son orgueil devrait bien le confondre,
» car chaque jour il s'expose à la mort.   390
» Qu'il se trouve quelqu'un qui le tue, nous aurions alors une paix
[totale.

XXX

Blancandrin dit : « Roland est bien odieux,
» lui qui veut réduire tout peuple à merci
» et revendique toutes terres!
» Grâce à quel peuple prétend-il accomplir tant d'exploits? »   395
Ganelon répond : « Par le peuple des Francs.
» Ils l'aiment tant qu'ils ne lui feront pas défaut.
» Il leur offre en présent tant d'or et tant d'argent,
» de mulets, de destriers, d'étoffes de soie et d'équipements!
» L'empereur même obtient de lui tout à sa guise;   400
» il lui conquerra les terres d'ici jusqu'en Orient. »

XXXI

Ganelon et Blancandrin chevauchèrent tant
qu'ils se firent l'un à l'autre promesse
qu'ils chercheraient à faire tuer Roland.
Ils chevauchèrent tant par voies et par chemins   405
qu'ils mettent pied à terre à Saragosse, sous un if.
Il y avait un trône à l'ombre d'un pin;
il était recouvert d'une étoffe de soie d'Alexandrie :

---

384. *Brogne :* le mot désigne à l'origine une tunique bardée de pièces ou d'anneaux de métal, puis devient synonyme de « haubert », c'est-à-dire de « cotte de mailles ». — 385. *Carcasoine :* il est douteux qu'il s'agisse de la ville française de Carcassonne; certains pensent que ce pourrait être Tarazona, en Espagne. — 399. *Destriers :* chevaux de bataille, particulièrement fougueux, tenus de la main droite (ancien français *destre*) par l'écuyer qui les mène. — 408. *Alexandrie,* en Égypte, était au Moyen Age l'entrepôt des marchandises de l'Orient et de l'Occident; les caravanes venues de la Perse et de l'Inde y apportaient de riches étoffes de soie.

là siégeait le roi qui gouvernait toute l'Espagne;
autour de lui, vingt mille Sarrasins;   410
il n'y en a aucun qui sonne ou tinte un seul mot,
en raison des nouvelles qu'ils voudraient entendre.
Voici alors Ganelon et Blancandrin.

5. Le forfait conclu

XXXII

Blancandrin vint devant Marsile;
il tenait par le poing le comte Ganelon,   415
et il dit au roi : « Soyez sauvé par Mahomet
» et Apollin, dont nous observons les saintes lois!
» Nous avons fait votre message à Charles.
» Il éleva en l'air ses deux mains,
» rendit grâces à son Dieu, et ne fit d'autre réponse.   420
» Il vous envoie un noble baron à lui que voici.
» qui est de France et est très haut homme :
» par lui, vous entendrez si vous aurez ou non la paix. »
Marsile répond : « Qu'il parle, nous l'entendrons! »

XXXIII

Mais le comte Ganelon s'était bien avisé.   425
Avec grande habileté, il commence à parler,
en homme qui s'y entend,
et il dit au roi : « Soyez sauvé par Dieu,

416-417. Cf. v. 8.

- **Blancandrin** — Bien qu'il ne soit plus du tout question de lui
à partir de la laisse XLIII, Blancandrin n'est nullement un
personnage secondaire de la Chanson. C'est lui qui noue l'action
en inspirant à Marsile la ruse qui éloignera les Français de
l'Espagne, et qui en assure le succès; il mesure tout le parti
qu'il peut tirer de la lassitude des vainqueurs. Il sonde avec
beaucoup d'astuce les dispositions de Ganelon, devine l'avantage
qu'elles présentent pour ses fins et l'amène avec prudence à
conclure l'infâme marché. Plus tard, il rétablira une situation
compromise par l'imprudence de Marsile et la fierté du Français.

① Montrer comment Ganelon et Blancandrin s'observent et
progressent pas à pas vers la conclusion de leur pacte de trahison.

② Quel jugement peut-on former, à ce propos, sur l'art du poète?

» le Glorieux, que nous devons adorer!
» Charlemagne le vaillant vous mande   430
» que vous receviez la sainte religion chrétienne;
» il veut vous donner en fief la moitié de l'Espagne.
» Si vous ne voulez pas accepter cet accord,
» vous serez pris et enchaîné par la force;
» vous serez amené à la cité, à Aix,   435
» et là, par jugement, vous serez mené à votre fin :
» là, vous mourrez dans la honte et la bassesse. »
Le roi Marsile en fut fort effrayé.
Il tenait un dard, qui était empenné d'or;
il voulut l'en frapper, et l'eût fait s'il n'en eût été détourné. 440

XXXIV

Le roi Marsile a changé de couleur;
il a agité la hampe de son javelot.
Quand Ganelon le vit, il mit la main à l'épée,
il l'a tirée du fourreau, la longueur de deux doigts,
il lui a dit : « Vous êtes bien belle et claire!   445
» Je vous aurai tant portée en cour royale!
» Jamais l'empereur de France ne dira
» que je sois mort seul en la terre étrangère
» avant que les meilleurs ne vous aient payée cher! »
Les païens disent : « Empêchons la mêlée! »   450

XXXV

Les meilleurs Sarrasins ont tant prié Marsile
qu'il s'est assis sur son trône.
L'algalife dit : « Vous nous avez mal servi
» quand vous avez cherché à frapper le Français.
» Vous auriez dû écouter et entendre.   455
» — Sire, dit Ganelon, il me convient d'endurer cela.
» Je ne laisserais pas, pour tout l'or que Dieu fit,
» ni pour toute la richesse qui peut exister dans ce pays,
» de lui dire, si j'en ai la possibilité,
» ce que lui mande Charles, le roi puissant :   460
» il le mande par moi comme à son mortel ennemi. »
Il était vêtu d'un manteau de zibeline
qui était recouvert d'une soie d'Alexandrie.
Il le jette à terre; Blancandrin le reçoit,
mais il ne veut pas se défaire de son épée :   465
de son poing droit, il la tient par le pommeau doré.
Les païens disent : « Voici un noble baron ! »

---

453. *Algalife*, titre porté par l'oncle du roi Marsile, vient de l'arabe *Al Khalifa* « le calife », « le successeur de Mahomet », nom des gouverneurs de province de l'Islam. — 462. *Zibeline* : fourrure très recherchée. — 463. *Soie d'Alexandrie*, cf. v. 399 et note 408, p. 28.

XXXVI

Ganelon s'est avancé vers le roi;
il lui a dit : « Vous avez tort de vous courroucer,
» car Charles, qui gouverne la France,   470
» vous mande que vous receviez la loi des chrétiens;
» il vous donnera en fief la moitié de l'Espagne.
» Roland son neveu aura l'autre moitié :
» vous aurez en lui un partenaire bien orgueilleux!
» Si vous ne voulez pas accepter cet accord,   475
» il viendra vous assiéger dans Saragosse;
» vous serez pris et chargé de liens par la force;
» vous serez emmené tout droit à la cité d'Aix.
» Vous n'y aurez ni palefroi ni destrier,
» ni mulet ni mule que vous puissiez chevaucher;   480
» vous serez jeté sur une mauvaise bête de somme.
» Là-bas, par jugement, vous aurez la tête tranchée.
» Notre empereur vous envoie cette lettre. »
Il l'a remise au païen, dans sa main droite.

XXXVII

Marsile avait, de courroux, changé de couleur;   485
il brise le sceau, il en a jeté la cire,
il regarde la lettre, en voit le texte écrit :
« Charles, qui a la France en son pouvoir,
» me mande qu'il me souvienne de sa douleur et de sa colère :
» il s'agit de Basan et de son frère Basile,   490
» dont j'ai pris les têtes aux monts de Haltoïe;

---

479. *Palefroi* : cheval de route, utilisé pour les parcours, mais non pour le combat. — 490. Cf. v. 208. — 491. *Haltoïe* est la ville inconnue appelée *Haltille* au v. 209.

▪▪

● **Une scène extraordinaire** — On a du mal, à première vue, à s'expliquer la conduite de Ganelon devant Marsile. En effet, la perte de Roland a été conclue (v. 402-404) entre lui et Blancandrin, et l'on pourrait penser que l'ambassade ne donnerait lieu à aucun incident, d'autant plus que Ganelon craint le sort de Basile et de Basan. Mais, tout en désirant la mort de Roland, il tient à s'acquitter scrupuleusement du message de Charlemagne; dans son procès, il distinguera le service de l'empereur et la vengeance, qui est une affaire personnelle. Il n'y a donc rien d'étonnant à ce que, se sentant menacé par la colère de Marsile, il songe à vendre chèrement sa vie : le réflexe du « noble baron » qu'il demeure continue à jouer.

▪▪

» si je veux acquitter le prix de ma vie,
» que je lui envoie mon oncle l'algalife;
» autrement, jamais il ne m'aimera. »
Ensuite son fils s'adressa à lui   495
et dit au roi : « Ganelon a dit des paroles insensées.
» Il en a tant fait qu'il ne doit pas vivre plus longtemps.
» Livrez-le-moi, j'en ferai justice. »
Quand Ganelon l'entendit, il brandit son épée;
il va s'adosser au tronc, sous le pin.   500

XXXVIII

Le roi s'en est allé dans le verger,
il emmène avec lui ses meilleurs vassaux,
et Blancandrin au poil chenu y vint,
ainsi que Jurfaret, qui est son fils et son héritier,
et l'algalife, son oncle et son fidèle.   505
Blancandrin dit : « Appelez le Français :
» il m'a donné sa parole en faveur de nos intérêts. »
Le roi dit : « Eh bien, amenez-le ici. »
Ganelon l'a pris par les doigts de la main droite,
Blancandrin l'emmène dans le verger jusqu'au roi.   510
Là ils débattent l'injuste trahison.

XXXIX

« Beau sire Ganelon, lui dit le roi Marsile,
» je vous ai traité avec un peu de légèreté,
» quand je faillis vous frapper et vous montrai un grand courroux.
» Je vous en donne un gage loyal par ces peaux de zibeline,   515
» l'or en vaut plus de cinq cents livres :
» avant demain soir, la réparation sera belle. »
Ganelon répond : « Je ne refuse pas.
» Que Dieu, s'il lui plaît, vous le rende en bien. »

XL

Marsile dit : « Ganelon, sachez-le en vérité,   520
» j'ai le désir de vous aimer beaucoup.
» Je veux vous entendre parler de Charlemagne.
» Il est bien vieux, il a achevé son temps;
» à mon avis, il a passé deux cents ans.

---

494. Ces conditions sont bien plus dures que celles qui ont été arrêtées au conseil des Francs (laisses X-XVI), peut-être pour tenir compte des exigences de Roland, ou pour qu'elles paraissent inacceptables. — 503. *Chenu* : « blanc » (latin *canutus*). — 504. *Jurfaret*, fils de Marsile, sera nommé Jurfaleu dans la suite de la Chanson; il périra de la main de Roland (v. 1904). — 524. Trait d'exagération épique, courant dans les chansons de geste, et qui ne choquait nullement les auditeurs du Moyen Age.

» Il a mené son corps par tant de terres, 525
» il a reçu tant de coups sur son bouclier,
» il a réduit tant de rois à la mendicité!
» Quand sera-t-il jamais las de guerroyer? »
Ganelon répond : « Charles n'est pas ainsi.
» Il n'est aucun homme qui le voit et sait le connaître 530
» qui ne dise que l'empereur est un preux.
» Je ne saurais devant vous lui donner tant de prix ou de louange
» qu'il n'y ait en lui encore plus d'honneur et de vaillance.
» Sa grande valeur, qui pourrait la rapporter?
» Dieu l'a illuminé d'une telle noblesse 535
» qu'il aime mieux mourir que manquer à ses barons. »

XLI

Le païen dit : « J'ai bien lieu de m'émerveiller
» de Charlemagne, qui est chenu et vieux.
» A mon estime, il a deux cents ans et plus.
» Il a fatigué son corps par tant de terres, 540
» pris tant de coups de lance et d'épieu,
» conduit tant de rois puissants à la mendicité!
» Quand sera-t-il jamais recru de guerroyer?
— Ce ne sera pas, dit Ganelon, tant que vivra son neveu :
» il n'y a pas un tel baron sous la chape du ciel. 545
» Bien preux aussi est son compagnon Olivier;
» les douze Pairs, que Charles aime tant,
» forment son avant-garde avec mille chevaliers.
» Charles est en sûreté, car il ne craint aucun homme. »

---

538. *Chenu*, cf. v. 503, « qui a les cheveux blancs », d'où « très âgé ».

● **Progression narrative et progression lyrique** — Les laisses XL, XLI et XLII sont des laisses « similaires » : les mêmes idées y sont exprimées, en termes à peine différents, et, de l'une à l'autre, l'action ne progresse pas. Cependant, les réponses de Ganelon ne sont pas exactement identiques : on note une progression psychologique et dramatique, par laquelle les pensées secrètes de Ganelon, suggérant la trahison, se dévoilent peu à peu. Ce n'est que dans la troisième laisse qu'apparaît le nom de Roland, désigné comme le responsable et ainsi voué à la vengeance. « Il ne faut donc pas chercher à savoir, sur le plan de l'événement, si Marsile a réellement posé trois fois la même question, car les laisses similaires retiennent le récit dans une halte bien plus lyrique que narrative » (J. Rychner, *la Chanson de geste*, p. 94-95).

XLII

Le Sarrasin dit : « J'ai un grand étonnement   550
» au sujet de Charlemagne, qui est chenu et blanc!
» A ma connaissance, il a plus de deux cents ans.
» Il est allé en conquérant par tant de terres,
» il a reçu tant de coups de bons épieux tranchants,
» il a tué et vaincu sur le champ de bataille tant de rois puissants!   555
» Quand sera-t-il jamais recru de guerroyer?
— Ce ne sera pas, dit Ganelon, tant que vivra Roland;
» il n'y a pas un tel baron d'ici jusqu'en Orient.
» Il est bien preux, Olivier son compagnon;
» les douze pairs, que Charles aime tant,   560
» forment l'avant-garde avec vingt mille Francs.
» Charles est en sûreté, il ne craint nul homme vivant. »

XLIII

« Beau sire Ganelon, dit le roi Marsile,
» j'ai une telle armée que vous n'en verrez jamais de plus belle;   565
» je peux avoir quatre cent mille chevaliers.
» Puis-je avec eux me battre contre Charles et les Français? »
Ganelon répond : « Gardez-vous-en cette fois!
» Vous aurez grande perte de vos païens.
» Laissez la folie, tenez-vous-en à la sagesse.   570
» Donnez à l'empereur tant de biens
» qu'il n'y ait de Français qui ne s'en émerveille.
» Pour vingt otages que vous lui enverrez,
» le roi s'en retournera en douce France;
» il laissera derrière lui son arrière-garde.   575
» Son neveu Roland y sera, j'en suis sûr,
» et Olivier, le preux et le courtois.
» Les comtes sont morts, s'il y a quelqu'un qui veuille m'en croire.
» Charles verra tomber son grand orgueil;
» il n'aura plus jamais le désir de vous faire la guerre. »

XLIV

« Beau sire Ganelon, ...   580
» Comment pourrai-je faire tuer Roland? »
Ganelon répond : « Je sais bien vous le dire.
» Le roi sera aux meilleurs ports de Cize;
» il aura placé son arrière-garde derrière lui;
» son neveu, le comte Roland, le puissant, y sera,   585
» et Olivier, en qui il se fie tant.
» Ils ont vingt mille Francs en leur compagnie.

---

580. Le copiste du manuscrit a omis, par inadvertance, la seconde partie
du vers et transcrit le vers suivant sur la même ligne. — 583. Les *meilleurs*
ports de Cize : un *port* est un passage, défilé ou col, dans les Pyrénées. Cize
est une vallée qui descend du col de Roncevaux jusqu'à Saint-Jean-Pied-de-
Port.

» Envoyez-leur cent mille de vos païens;
» qu'ils leur livrent d'abord une bataille;
» l'armée de France sera blessée et meurtrie;   590
» je ne le dis pas pour cela : ce sera le martyre des vôtres.
» Livrez-leur de même une seconde bataille :
» de laquelle que ce soit, Roland ne se tirera pas.
» Alors, vous aurez fait une belle chevalerie.
» Vous n'aurez plus de guerre de toute votre vie. »   595

XLV

« Qui pourrait faire que Roland y pérît,
» Charles perdrait le bras droit de son corps;
» alors disparaîtraient les merveilleuses armées;
» jamais plus Charles ne rassemblerait de si grandes forces;
» la Terre des Aïeux resterait en repos. »   600
Quand Marsile l'entend, il l'a baisé au cou,
puis il commence à faire apporter ses trésors.

XLVI

Marsile dit : « Pourquoi en parleraient ... ?
» Un conseil ne sert à rien si l'on en ...
» Vous me jurerez la trahison de Roland. »   605
Ganelon répond : « Qu'il en soit comme il vous plaît! »
Sur les reliques de son épée Murgleis,
Il jura la trahison, et ainsi il a commis la forfaiture.

Ganelon est alors comblé de présents de grand prix.]

592. Les événements se dérouleront comme le prévoit Ganelon : il y aura effectivement deux assauts successifs des païens. — 600. *Terre des Aïeux* est la traduction généralement admise pour l'expression d'ancien français *Tere Major*, qui vient probablement du latin *terra majorum.* — 603-604. Il y a dans le manuscrit une lacune, qu'un réviseur maladroit a comblée de façon peu satisfaisante; le sens est conjectural. — 607. Cf. v. 346. Les épées portent des noms dans les chansons de geste. On sait que celle de Roland s'appelle Durendal, celle d'Olivier, Hauteclaire, celle de Turpin, Aumace, et celle de Charlemagne, Joyeuse; celle de Baligant se nomme Précieuse. Le sens de certains de ces noms est énigmatique, mais l'auteur de la Chanson a expliqué les raisons des noms de Joyeuse (v. 2505 et suiv.) et de Précieuse (v. 3144).

● **L'ignominie de Ganelon**

① Montrer les étapes de la savante progression psychologique par laquelle Ganelon est amené à la trahison.

② En quoi le serment fait sur les reliques que contient Murgleis (les épées des chevaliers ont la forme d'une croix et sont des objets sacrés; cf. laisse CLXXIII) ajoute-t-il encore à l'ignominie de Ganelon?

6. Le crime consommé

LIII

L'empereur se rapproche de son pays.
Il est venu à la cité de Galne.
Le comte Roland l'avait prise et détruite;
depuis ce jour, elle resta cent ans déserte.
Le roi attend des nouvelles de Ganelon,   665
et le tribut d'Espagne, la grande terre.
Le matin, à l'aube, comme le jour s'éclaire,
le comte Ganelon est arrivé au camp.

LIV

L'empereur s'est levé de bon matin;
il a écouté messe et matines.   670
Sur l'herbe verte, il se tenait devant sa tente.
Roland y était, et Olivier le brave,
et le duc Naimes et bien d'autres.
Ganelon y vint, le félon, le parjure.
Avec grande astuce, il commence à parler   675
et dit au roi : « Que Dieu vous sauve!
» Je vous apporte ici les clés de Saragosse;
» je vous fais amener de là-bas un grand trésor
» et vingt otages, faites-les bien garder;
» le roi Marsile, le noble, vous fait dire   680
» que vous ne devez pas le blâmer au sujet de l'algalife,
» car de mes yeux j'ai vu quatre cent mille hommes en armes,
» vêtus de hauberts, beaucoup ayant le heaume lacé,
» l'épée à pommeau d'or niellé à la ceinture,
» qui l'ont accompagné jusqu'à la mer :   685
» ils fuient Marsile à cause de la loi chrétienne
» qu'ils ne veulent ni recevoir ni garder.
» Avant qu'ils eussent cinglé quatre lieues,
» la tempête et l'orage les prit :
» ils sont noyés, vous n'en verrez jamais un seul;   690
» s'il avait été vivant, je l'aurais amené.

▪▪▪

- **Les vingt otages** (v. 679)

    Le début de la Chanson parle avec insistance des otages sarrasins
    livrés à Charlemagne (v. 40-46, etc.); dans la laisse LIV, Ganelon
    invente une histoire invraisemblable pour expliquer que l'algalife
    ne figure pas parmi eux. Or, par la suite, il n'est plus du tout
    question de ces otages, qu'on s'attendrait à voir immoler.
    Pour R. Menéndez Pidal, le thème des otages serait un reste d'une
    version primitive de la Chanson. Il rappellerait le fait, historique,
    que Charlemagne emmena en otage le chef sarrasin Ibn Al Arabi
    délivré ensuite par un coup de main de ses fils.

▪▪▪

» Pour le roi païen, sire, croyez en vérité
» que vous ne verrez pas passer ce premier mois
» qu'il ne vous suive dans le royaume de France.
» Il recevra la religion que vous maintenez,   695
» les mains jointes, il sera votre vassal ;
» c'est de vous qu'il tiendra le royaume d'Espagne. »
Le roi dit : « Dieu en soit remercié!
» Vous avez bien œuvré, vous en aurez une bien grande
Par l'armée, on fait sonner mille clairons.   [récompense. »
Les Francs lèvent le camp, troussent leurs bêtes de somme,
tous s'acheminent vers douce France.

LV

Charlemagne a ravagé l'Espagne,
pris les châteaux, forcé les cités.
Le roi dit qu'il a terminé sa guerre.   705
L'empereur chevauche vers la douce France.
Le comte Roland a attaché l'enseigne
au haut d'un tertre, il l'a élevée vers le ciel.
Les Francs dressent leur camp par toute la contrée.
Les païens chevauchent dans les grandes vallées,   710
vêtus de leurs hauberts, et très bien ...,
les heaumes lacés, les épées ceintes,
les écus au col et les lances prêtes.
Ils se sont arrêtés dans une forêt, au sommet des montagnes.
Ils sont quatre cent mille, attendant le lever du jour.   715
Dieu! quelle douleur que les Français ne le sachent pas!

LVI

Le jour s'en va, la nuit est tombée.
Charles dort, le puissant empereur.
Il rêvait qu'il était aux plus grands ports de Cize,
il tenait dans ses poings sa lance de frêne;   720
le comte Ganelon la lui a arrachée;
il l'a si violemment brisée en l'agitant
que les éclisses en volent vers le ciel.
Charles dort, il ne s'éveille pas.

LVII

Après cette vision, il en eut en songe une autre.   725
Il était en France, en sa chapelle, à Aix;
un verrat cruel le mordit au bras droit;
du côté de l'Ardenne, il vit venir un léopard;

703-704. Ces vers reprennent, sous une forme résumée, les premiers vers de
la Chanson. De même, les vers 2609-2610. Il se peut que ces rappels correspondent
à des reprises de la déclamation après une pause. — 707. C'est l'*enseigne* de
Charlemagne, que porte le gonfalonier; cf. v. 107. — 711. Lacune dans le manuscrit. — 719. *Cize* : cf. v. 583. — 723. *Éclisses* : éclats de bois de la lance brisée.

celui-ci, férocement, s'attaque à sa personne même.
Du fond de la salle, dévale un vautre,   730
qui vient à Charles en galopant et en sautant;
il tranche l'oreille droite au premier, au verrat,
et combat furieusement le léopard.
Les Français disent qu'il y a une grande bataille;
ils ne savent pas lequel l'emportera.   735
Charles dort, il ne s'éveille pas.

LVIII

La nuit passe et apparaît l'aube claire.
Parmi l'armée, ...
L'empereur chevauche fièrement.
« Seigneurs barons, dit l'empereur Charles,   740
» voyez les ports et les étroits passages;
» désignez-moi celui qui sera à l'arrière-garde. »
Ganelon répond : « Roland, mon beau-fils;
» vous n'avez pas de baron d'aussi grande vaillance. »
Quand le roi l'entend, il le regarde farouchement   745
et lui dit : « Vous êtes un diable vivant.
» Une rage mortelle vous est entrée dans le corps.
» Et qui sera devant moi, à l'avant-garde? »
Ganelon répond : « Ogier de Danemark;   750
» vous n'avez pas de baron qui la fasse mieux que lui. »

LIX

Le comte Roland, quand il s'entendit désigner,
a parlé en chevalier :
« Sire parâtre, je dois vous tenir pour bien cher :
» vous m'avez désigné pour l'arrière-garde!   755
» Charles, le roi qui tient la France, n'y perdra
» que je sache, ni palefroi ni destrier,
» mulet ni mule qu'il doive chevaucher;
» il n'y perdra ni cheval de selle ni bête de somme
» qui n'ait été d'abord disputé à l'épée. »
Ganelon dit : « Vous dites vrai, je le sais bien. »   760

---

730. *Vautre* : cf. v. 128. — 749. *Ogier de Danemark* : cf. v. 170. —
756. *Palefroi, destrier* : cf. v. 399 et 479.

● **Les présages** (laisses LVI-LVII)

① Observer l'importance des signes et des présages dans la
Chanson (cf. encore v. 334-335).

② Montrer comment ils laissent prévoir obscurément l'avenir
sans que toutefois la clairvoyance et l'autorité de Charlemagne
soient prises en défaut.

LX

Quand Roland entend qu'il sera à l'arrière-garde,
il parle avec colère à son parâtre :
« Ah! coquin, homme lâche et de vile espèce,
» tu as cru que le gant me tomberait des mains à terre,
» comme fit à toi le bâton, devant Charles? »   765

LXI

« Droit empereur, dit Roland le baron,
» donnez-moi l'arc que vous tenez au poing.
» On ne me reprochera pas, que je sache,
» qu'il me tombe des mains, comme fit à Ganelon
» le bâton, de sa main droite, quand il le reçut. »   770
L'empereur tint la tête baissée,
il lissa sa barbe et se tordit la moustache;
il ne peut se tenir de pleurer de ses yeux.

LXII

Après cela est venu Naimes;
il n'y avait pas à la cour de meilleur vassal que lui.   775
Il dit au roi : « Vous l'avez bien entendu :
» le comte Roland est bien en colère.
» C'est à lui que l'arrière-garde est confiée :
» aucun baron n'y pourra rien changer.
» Donnez-lui l'arc que vous avez tendu,   780
» et trouvez-lui qui pourra bien l'assister. »
Le roi le lui donne, et Roland l'a reçu.

LXIII

L'empereur appelle son neveu Roland :
« Beau sire neveu, vous le savez en vérité,
» je vous laisserai la moitié de mon armée en présent.   785
» Gardez bien ces soldats, c'est votre salut. »
Le comte dit : « Je n'en ferai rien.
» Que Dieu me confonde, si je démens la tradition!
» Je garderai vingt mille Francs bien vaillants.
» Passez les ports en toute assurance :   790
» de mon vivant, vous auriez tort de craindre personne. »

[*Roland charge l'un de ses vassaux, Gautier de l'Hum, d'occuper les hauteurs
de Roncevaux avec mille hommes.*]

---

762. La colère insultante de Roland est la seule réponse possible au sarcasme
du v. 760. — 765. Inadvertance du poète : c'est, en réalité (cf. v. 333) le gant,
et non *le bâton* de Charlemagne que Ganelon a laissé tomber. — 767. La mention
de l'*arc* de Charlemagne est un trait remontant aux sources historiques de la
légende : au temps de la chevalerie, l'arc est une arme discréditée, réservée aux
vilains utilisés comme soldats à pied; il n'en était pas de même avant le xe siècle.
— 774. *Naimes :* cf. v.230. — 788. La *tradition* de vaillance de son lignage.

LA BATAILLE

1. Charlemagne en France

LXVI

Les monts sont hauts, les vallées ténébreuses,
les roches bises, les défilés effrayants.   815
Ce jour-là, les Français passèrent, à grande douleur.
De quinze lieux [ou lieues] on entend leur rumeur.
Quand ils parviennent à la Terre des Aïeux,
Ils voient la Gascogne, le pays de leur seigneur;
Alors ils se souviennent de leurs fiefs et de leurs domaines,   820
des jeunes filles et des nobles épouses :
il n'y en a pas un qui ne pleure de tendresse.
Sur tous les autres, Charles est rempli d'angoisse :
il a laissé son neveu aux ports d'Espagne.
L'émotion le prend, il ne peut se retenir de pleurer.   825

LXVII

Les douze Pairs sont restés en Espagne,
ils ont vingt mille Francs en leur compagnie,
ils n'ont pas peur, ils ne redoutent pas la mort.
L'empereur s'en retourne en France.
Sous son manteau, il a la contenance de ses sentiments.   830
Le duc Naimes chevauche à son côté
et dit au roi : « Pourquoi avez-vous de la peine? »
Charles répond : « Il m'offense celui qui me le demande!
» J'éprouve tant de douleur que je ne puis me tenir d'en pleurer.   835
» La France sera détruite par Ganelon.
» Cette nuit me vint, par un ange, une vision :
» entre mes poings, il me brisait ma lance;
» voici qu'il a désigné mon neveu pour l'arrière-garde!
» Je l'ai laissé dans une marche étrangère.
» Dieu! si je le perds, jamais je n'aurai son égal. »   840

---

814. En ancien français : *Halt sunt li pui e li val tenebrus*, formule d'intonation de la laisse qui se répète plusieurs fois, avec des variantes, dans la
Chanson; cf. v. 1830 et 2271. Ce beau vers, sobrement évocateur d'un paysage
tragique, apparaît dans les passages les plus pathétiques du drame. — 817.
L'ancien français a *lius*, qui signifie « lieux », mais beaucoup d'éditeurs pensent
que c'est une faute de copiste pour *lieues*, « lieues », plus logique. — 818. *Terre
des Aïeux:* cf. v. 600.

LXVIII

Charlemagne ne peut se retenir de pleurer.
Cent mille Francs ont pour lui grande pitié
et éprouvent une étrange peur au sujet de Roland.
Ganelon le félon l'a trahi :
il a reçu du roi païen de grands présents,   845
or et argent, manteaux de soie et brocarts d'or,
mulets et chevaux et chameaux et lions.
Or Marsile fait venir de toute l'Espagne les barons,
comtes, vicomtes, ducs, almaçours,
émirs et fils de comtors.   850
Il en rassemble quatre cent mille en trois jours;
il fait sonner ses tambours à Saragosse.
On dresse Mahomet sur la plus haute tour;
il n'y a aucun païen qui ne le prie et ne l'adore.
Puis ils parcourent à cheval, à marches forcées,   855
la Terre Certaine et les vallées et les montagnes :
ils voient les gonfanons de ceux de France.
L'arrière-garde des douze compagnons
ne laissera pas de leur accorder la bataille.

2. « Vantances » des païens

LXIX

Le neveu de Marsile s'est avancé   860
sur un mulet, le touchant d'un bâton.
Il dit à son oncle, en riant bellement :
« Beau sire roi, je vous ai tant servi,
» j'ai tant souffert de peines et de tourments,
» fait et gagné tant de batailles en champ;   865
» donnez-moi un fief : c'est de porter le premier coup à Roland;
» je le tuerai de mon épieu tranchant.
» Si Mahomet veut être mon protecteur,
» je libèrerai toutes les parties de l'Espagne,
» depuis les ports d'Espagne jusqu'à Durestant.   870
» Charles sera las, les Francs renonceront à la lutte;
» vous n'aurez plus jamais de guerre de tout votre vivant. »
Le roi Marsile lui en a donné le gant.

---

846. *Brocarts :* étoffes de soie tissées avec des fils d'or. — 849. *Almaçours :* titre de guerriers sarrasins, de *Al Mansour*, « le victorieux », nom du célèbre fondateur de Bagdad. — 850. *Comtors :* dérivé de « comte », désigne une dignité mal définie. — 852. L'allusion aux *tambours* des Sarrasins paraît être un souvenir précis de la bataille de Zalaca (1086) où les troupes d'Alphonse VI furent épouvantées par le son des tambours des Maures. — 854. On ignore que la religion islamique interdit la représentation en image de la Divinité et du Prophète. — 856. *Terre Certaine* semble signifier « la terre sûre, exempte de dangers ». — 857. *Gonfanons :* cf. v. 107. — 866. *Fief :* ici, « mission à laquelle s'attache de l'honneur ». — 867. *Épieu :* « lance ». — 870. *Durestant :* ville inconnue.

[*A la suite du neveu de Marsile, les douze Pairs païens rivalisent de fanfaronnade et se flattent d'exterminer Roland et la troupe des Français. Ainsi le farouche Chernuble de Munigre :*]

LXXVIII

De l'autre côté se trouve Chernuble de Munigre.   975
Ses cheveux flottent, jusqu'à terre.
Quand il s'amuse, il porte, par jeu, un plus grand fardeau
que ne font quatre mulets, quand ils sont chargés.
La terre dont il est, dit-il,
le soleil n'y luit pas et le blé n'y peut pas croître,   980
la pluie n'y tombe pas, la rosée ne s'y pose pas,
il n'y a de pierre qui ne soit toute noire :
certains disent que les diables y demeurent.
Chernuble dit : « J'ai ceint ma bonne épée,
» à Roncevaux, je la teindrai en vermeil.   985
» Que je trouve le preux Roland sur ma route,
» je ne suis pas digne d'être cru si je ne l'attaque;
» je conquerrai Durendal avec mon épée.
» Les Français mourront et la terre en restera déserte. »
A ce mot, les douze Pairs s'assemblent.   990
Ils emmènent avec eux cent mille Sarrasins.
qui s'empressent et font hâte pour la bataille.
Ils vont s'armer sous une sapinière.

3. Olivier et Roland : sagesse ou prouesse?

LXXIX

Les païens s'arment des hauberts sarrasins
dont presque tous sont à triple épaisseur;   995
ils lacent leurs bons heaumes de Saragosse,
ceignent leurs épées d'acier viennois;
ils ont des écus riches, des épieux de Valence,
et des gonfanons blancs, bleus et vermeils.   1000
Ils laissent les mulets et tous les palefrois,
ils montent sur les destriers et chevauchent, serrés.
Le jour était clair, le soleil était beau.
Ils n'ont pas d'équipement qui tout ne reluise.
Mille clairons sonnent pour que ce soit plus beau.   1005
Le bruit est grand, les Français l'entendirent.
Olivier dit : « Sire compagnon, je crois,

---

975. *Munigre :* peut-être *Los Monegros*, près de Saragosse. — 994. *Hauberts :* cf. v. 683. — 999. *Gonfanons :* cf. v. 107.

» nous pourrons bien avoir bataille avec les Sarrasins. »
Roland répond : « Et que Dieu nous l'accorde!
» Nous devons bien nous tenir ici pour notre roi.
» Pour son seigneur, on doit souffrir la détresse   1010
» et endurer de grandes chaleurs et de grands froids,
» et l'on doit perdre et du cuir et du poil.
» Que chacun veille à y employer de grands coups,
» qu'il ne soit pas chanté sur nous de mauvaise chanson.
» Les païens ont le tort, et les chrétiens, le droit.   1015
» Jamais je ne serai cité en mauvais exemple. »

LXXX

Olivier est monté sur une hauteur,
il regarde sur la droite par un val herbeux,
il voit venir cette armée de païens,
il appelle Roland, son compagnon.   1020
« Du côté de l'Espagne, je vois venir un tel tumulte,
» tant de blancs hauberts, tant de heaumes flamboyants!
» Ceux-là feront grande douleur à nos Français.
» Ganelon le savait, le félon, le traître,
» qui nous désigna devant l'empereur.   1025
— Tais-toi, Olivier, répond le comte Roland,
» il est mon parâtre, je ne veux pas que tu en sonnes mot! »

LXXXI

Olivier est monté sur une hauteur.
Il voit bien alors le royaume d'Espagne
et les Sarrasins, qui sont rassemblés en tel nombre.   1030
Les heaumes brillent, avec leurs gemmes serties dans l'or,
et les écus, et les hauberts safrés,

1032. *Safrés* : « enduits d'un vernis doré », dér. de *safre* < grec *sappheiros*,
« saphir ».

■■■

● **Roncevaux** (v. 985) — Le lieu de Roncevaux n'est mentionné,
dans l'histoire de la légende, que tardivement, dans la seconde
moitié du XIᵉ siècle (*Nota Emilianense*).
Le vaste plateau de Roncevaux (6 km de long sur 4 de large),
à plus de 900 m d'altitude, convient bien aux combats chevaleresques décrits dans la Chanson. La bataille historique du
15 août 778 a dû se dérouler plus au nord, dans un chemin de
crêtes, l'ancienne voie romaine de l'Altobiscar, favorable à
une attaque par surprise. La légende semble conserver quelques
traits du site primitif.

■■■

et les épieux, les gonfanons attachés aux lances.
Il ne peut même pas compter les corps de bataille : 1035
il y en a tant qu'il n'en connaît pas le nombre;
en lui-même, il en est tout égaré.
Le plus vite qu'il peut, il dévale du sommet,
il vient aux Français et leur raconte tout.

LXXXII

Olivier dit : « J'ai vu les païens;
» jamais homme sur terre n'en vit davantage. 1040
» Ceux qui sont devant nous sont cent mille, avec leurs écus,
» leurs heaumes lacés, leurs blancs hauberts sur eux;
» les hampes sont droites, les épieux polis luisent.
» Vous aurez la bataille, jamais il n'y en eut de telle.
» Seigneurs Français, puissiez-vous recevoir la force de Dieu! 1045
» Tenez ferme le champ, que nous ne soyons vaincus! »
Les Français disent : « Malédiction à qui s'enfuit!
» Pas un ne vous fera défaut pour mourir. »

LXXXIII

Olivier dit : « Les païens ont de grandes forces;
» il me semble que nos Français sont bien peu. 1050
» Compagnon Roland, sonnez donc votre cor,
» Charles l'entendra, et l'armée reviendra. »
Roland répond : « J'agirais en fou!
» J'en perdrais mon renom en douce France.
» Je vais aussitôt frapper de grands coups de Durendal; 1055
» la lame en sera sanglante jusqu'à l'or de la garde.
» Les païens félons sont venus aux ports pour leur malheur :
» je vous le garantis, tous sont voués à la mort. »

LXXXIV

« Compagnon Roland, sonnez donc l'olifant,
» Charles l'entendra, il fera revenir l'armée, 1060
» le roi nous secourra avec tous ses barons. »
Roland répond : « Ne plaise à Dieu
» que mes parents soient blâmés à cause de moi
» ni que la douce France tombe jamais dans le mépris!
» Mais je frapperai violemment de Durendal, 1065
» ma bonne épée que j'ai ceinte au côté.
» Vous en verrez toute la lame ensanglantée.
» Les félons païens se sont assemblés pour leur malheur :
» je vous le garantis, tous sont livrés à la mort. »

1059. *Olifant* : latin *elephantem*, signifie « ivoire » et, plus précisément, « cor d'ivoire ». — 1064. Le refus hautain de Roland est évidemment le fait de son orgueil; c'est un ressort essentiel de l'action, ainsi marquée de fatalité tragique.

LXXXV

« Compagnon Roland, sonnez votre olifant!   1070
» Charles, qui passe les ports, l'entendra.
» Je vous le garantis, les Francs reviendront aussitôt.
— Ne plaise à Dieu, lui répond Roland,
» qu'il soit jamais dit par un homme vivant
» ou pour des païens, que jamais je sonne mon cor!   1075
» Mes parents n'en auront jamais le reproche.
» Quand je serai dans la grande bataille
» et que je frapperai mille coups et sept cents,
» vous verrez l'acier sanglant de Durendal.
» Les Français sont braves, ils frapperont vaillamment,   1080
» jamais ceux d'Espagne n'auront de garant contre la mort. »

LXXXVI

Olivier dit : « Je ne vois pas de blâme à cela.
» J'ai vu les Sarrasins d'Espagne :
» les vallées et les montagnes en sont couvertes,
» et les collines, et toutes les plaines.   1085
» Grandes sont les armées de ce peuple étranger;
» et nous, nous avons une bien petite troupe. »
Roland répond : « Mon ardeur n'en est que plus grande!
» Ne plaise au seigneur Dieu ni à ses anges
» que jamais, à cause de moi, la France perde son prix!   1090
» J'aime mieux mourir qu'encourir la honte.
» Pour les bons coups que nous frappons, l'empereur nous aime
[davantage. »

LXXXVII

Roland est preux et Olivier est sage.
L'un et l'autre ont un merveilleux courage :
quand ils sont à cheval et en armes,   1095

1093. Un des vers les plus célèbres de la Chanson. L'opposition de la sagesse
et de la prouesse est un thème épique traditionnel, mais il s'anime ici de
chaleur humaine par l'amitié des deux héros.

● **Le droit** — Les chrétiens ont le droit pour eux parce que Marsile
est un traître, qui a feint de se convertir, qui attaque l'arrière-
garde par surprise, après avoir pactisé avec un autre traître.
Cette idée de droit et de raison domine toute la Chanson, et se
résume en un vers lapidaire (v. 1015):
    Paien unt tort e chrestïens unt dreit.

jamais, par peur de la mort, ils n'esquiveront la bataille.
Les comtes sont valeureux et leurs paroles élevées.
Les païens félons chevauchent en grande fureur.
Olivier dit : « Roland, voyez combien ils sont;
» ceux-ci sont près de nous, mais Charles est trop loin. 1100
» Vous n'avez pas daigné sonner votre olifant.
» Si le roi était là, nous ne subirions aucun dommage.
» Regardez là-haut vers les ports d'Espagne;
» vous pouvez le voir : l'arrière-garde est bien digne de pitié;
» celui qui est de celle-ci ne sera jamais d'une autre. » 1105
Roland répond : « Ne dites pas de paroles si démesurées!
» qu'il soit maudit, le cœur qui dans la poitrine se fait couard!
» Nous nous maintiendrons fermement sur place;
» c'est par nous que se fera le grand coup et la mêlée. »

4. Préparatifs de combat

LXXXVIII

Quand Roland voit que la bataille aura lieu, 1110
il se fait plus farouche que lion ou léopard.
Il appelle les Français, s'adresse à Olivier :
« Sire compagnon, ami, ne dis jamais cela!
» L'empereur, qui nous a laissé les Français,
» a mis à part vingt mille hommes tels 1115
» qu'à sa connaissance il n'y avait pas parmi eux un seul couard.
» Pour son seigneur, on doit souffrir de grands maux,
» endurer de grands froids et de fortes chaleurs.
» on doit perdre du sang et de la chair.
» Frappe de ta lance, et moi, de Durendal, 1120
» ma bonne épée que le roi me donna.
» Si je meurs, celui qui l'aura pourra dire
» ... qu'elle appartint à un noble vassal. »

LXXXIX

D'un autre côté se trouve l'archevêque Turpin.
Il éperonne son cheval et monte sur une colline. 1125
Il appelle les Français, il leur fait un sermon :
« Seigneurs barons, Charles nous a laissés ici;
» Pour notre roi nous devons bien mourir.
» Aidez à soutenir la chrétienté!
» Vous aurez la bataille, vous en êtes bien assurés, 1130
» car de vos yeux vous voyez les Sarrasins.
» Confessez vos péchés, demandez pitié à Dieu;
» je vous absoudrai pour sauver vos âmes.
» Si vous mourez, vous serez de saints martyrs,
» vous aurez des sièges au plus haut Paradis. » 1135

1123. Le début du vers est altéré. — 1124. *Turpin :* cf. v. 170 et Introduction, p. 9.

Les Français descendent de cheval, ils se sont mis contre terre,
et l'archevêque les a bénis au nom de Dieu :
en pénitence, il leur commande de frapper.

XC

Les Français se redressent et se remettent debout.
Ils sont bien absous, quittes de leurs péchés,   1140
et l'archevêque les a bénis au nom de Dieu,
puis ils sont montés sur leurs rapides destriers.
Ils sont armés à la façon des chevaliers
et ils sont tous bien équipés pour la bataille.
Le comte Roland appelle Olivier :   1145
« Seigneur compagnon, vous le saviez bien
» que Ganelon nous a tous trahis.
» Il en a reçu de l'or, des biens, des deniers.
» L'empereur devrait bien nous venger.
» Le roi Marsile a fait marché de nos vies,   1150
» mais il devra les payer en coups d'épée. »

XCI

Aux ports d'Espagne, Roland est passé
sur Veillantif, son bon cheval rapide.
Il porte ses armes, elles lui vont très bien.
Et voici que le baron brandit son épieu,   1155
il en tourne le fer vers le ciel,
un gonfanon tout blanc est attaché à la pointe;
les franges lui battent jusque sur les mains.
Il a le corps fort bien fait, le visage clair et riant.
Son compagnon vient à sa suite,   1160
et ceux de France le proclament leur garant.
Il regarde farouchement vers les Sarrasins,

● **La folle prouesse de Roland** — « Construit sur un thème traditionnel et un contraste banal, qu'il renouvelle en les subor-
donnant à une vivante peinture de caractères, le débat de Roland
et d'Olivier n'est pas seulement riche d'humanité et de poésie
virile. Il a encore, dans la structure du poème, une fonction
essentielle et constitue une pièce maîtresse de son architecture.
Préparé par une courte phrase d'Olivier, dès la délibération
sur l'ambassade, il marque le terme d'une gradation qui porte
à son comble la folie de Roland. [...] Il fallait [...] qu'au
dernier moment, abandonnant toute prudence, mais plus que
jamais sûr de sa prouesse, par surcroît peut-être oublieux du
sort de ses hommes et des grands intérêts de la Chrétienté, il
se lançât aveuglément dans un combat perdu d'avance, et par
sa seule faute » (P. Le Gentil, *la Chanson de Roland*, p. 106).

humblement et doucement vers les Français;
il leur a dit un mot courtoisement :
« Seigneurs barons, gardez le petit pas! 1165
» Ces païens vont en quête de leur martyre.
» Aujourd'hui nous aurons un bel et riche butin :
» jamais roi de France n'en eut un de telle valeur. »
Après ces paroles, les armées se joignirent.

XCII

Olivier dit : « Je ne me soucie pas de parler. 1170
» Vous n'avez pas daigné sonner votre olifant,
» et vous n'avez pas Charles.
» Il n'en sait rien, il n'a fait aucune faute, le preux.
» Ceux qui sont là n'encourent aucun blâme.
» Chevauchez donc autant que vous pouvez! 1175
» Seigneurs barons, tenez fermement la bataille!
» Je vous prie au nom de Dieu, soyez attentifs
» à frapper des coups, à en recevoir comme à en donner!
» Nous ne devons pas oublier le cri de guerre de Charles. »
A ce mot, les Français ont poussé le cri. 1180
Qui les aurait alors entendus crier « Monjoie! »
pourrait garder le souvenir d'une belle bravoure.
Puis ils chevauchent, Dieu! avec quelle fierté!
Ils piquent des deux pour aller au plus vite;
ils s'en vont frapper, que feraient-ils d'autre? 1185
Et les Sarrasins ne les ont pas redoutés;
Francs et païens, les voici aux prises.

5. Le premier choc : avantage des Francs

XCIII

Le neveu de Marsile s'appelle Aelroth;
il chevauche tout le premier, devant l'armée.
Il va disant sur nos Français de mauvaises paroles : 1190
« Félons Français, aujourd'hui vous allez vous battre avec les nôtres.
» Il vous a trahis, celui qui avait à vous garder.
» Il est fou, le roi qui vous a laissés aux ports.
» Aujourd'hui, la douce France perdra son renom,
» et Charlemagne, le bras droit de son corps. » 1195
Quand Roland l'entend, Dieu! quelle douleur il en a!
Il éperonne son cheval, le laisse courir à toute vitesse,

1181. *Monjoie* : cri d'armes de Charlemagne, et nom de son oriflamme, un
bannière dorée. Le mot semble venir de *Meum gaudium*, « ma joie »; cf. le nom
Joyeuse de l'épée de Charles, v. 2501 sq. — 1197. Le combat à la lance sui
un schéma stéréotypé : *a*) éperonner le cheval; *b*) brandir la lance; *c*) frapper
d) briser l'écu de l'adversaire; *e*) rompre son haubert; *f*) lui passer la lanc
au travers du corps (parfois, le manquer); *g*) l'abattre à bas de son cheval,
plus souvent mort (J. Rychner).

le comte va le frapper aussi fort qu'il peut.
Il lui brise l'écu, lui déchire le haubert,
lui ouvre la poitrine, lui brise les os,   1200
lui sépare toute l'échine du dos;
de sa lance, il lui a fait sortir l'âme;
il enfonce bien le fer, ébranle tout le corps,
de toute la longueur de sa lance, il l'abat du cheval, mort;
il lui a brisé le col en deux.   1205
Il ne laissera pas, dit-il, de lui parler :
« Arrière, truand, Charles n'est pas fou,
» et il n'a jamais voulu aimer la trahison.
» Il a agi en preux en nous laissant aux ports.
» Aujourd'hui la douce France n'en perdra pas son renom.   1210
» Frappez, Francs, le premier coup est à nous.
» Nous avons pour nous le droit, et ces lâches ont le tort. »

XCIV

Il y a là un duc, il a nom Falsaron;
celui-là était frère du roi Marsile;
il tenait la terre de Dathan et d'Abiron.   1215
Sous le ciel, il n'y a pas de plus fieffé félon.

1215. *Dathan* et *Abiron*, noms bibliques (*Nombres*, XVI) fréquents dans les formules de malédiction.

●●

● **Le credo militaire de Roland** — Réfutant la thèse de J. Bédier selon laquelle *la Chanson de Roland* reflète l'esprit des croisades, R. Menéndez Pidal écrit (*op. cit.*, p. 243) : « Roland ne livre pas combat et ne meurt pas pour le Christ, mais pour Charles, son seigneur; c'est pour lui qu'on doit souffrir de grandes douleurs, pour lui qu'on doit perdre "le cuir et le poil", le sang et la chair (v. 1010, 1117). Voilà le *credo* militaire de Roland, qui combat et meurt pour l'honneur de "France la douce" (v. 1054, 1064, 1090, 2379). Olivier et Roland, au cours de leur altercation à propos de la bataille décisive, ne pensent qu'à Charles et à la "France douce et belle" (v. 1695, 1727, 1861, 1927, 2017). Ni Charles ni ses capitaines ne disent jamais qu'ils combattent pour la Chrétienté; seul, l'archevêque Turpin l'invoque une fois, en exhortant les guerriers francs, mais il la fait passer au deuxième rang, puisqu'il nomme d'abord Charles (v. 1127). *Toutes ces idées n'appartiennent pas au temps des croisades* » [phrase soulignée par l'auteur].

●●

Il avait le front très large entre les deux yeux :
on y pouvait mesurer un grand demi-pied.
Il est rempli de douleur quand il voit son neveu mort. 1220
Il sort de la foule, il s'expose aux coups
et pousse le cri de guerre des païens.
Envers les Français, il est plein d'outrages :
« Aujourd'hui la douce France perdra son honneur! »
Olivier l'entend; il en ressent une grande colère. 1225
Il pique son cheval de ses éperons dorés
et va le frapper en vrai baron.
Il lui brise l'écu et déchire le haubert,
lui met dans le corps les pans de son gonfanon,
de toute la longueur de sa lance, il le désarçonne, mort. 1230
Il regarde à terre, il voit gésir le traître,
il lui a dit très fièrement :
« Je n'ai souci, misérable, de vos menaces.
» Frappez, Francs, car nous les vaincrons très bien! »
Il crie Monjoie, c'est l'enseigne de Charles.

XCV

Il y a un roi, il a nom Corsablix. 1235
Il est de Barbarie, un pays lointain.
Il appelle les autres Sarrasins :
« Nous pouvons bien soutenir cette bataille,
» car il y a bien peu de Français.
» Ceux qui sont ici, nous devons bien les mépriser. 1240
» Jamais un seul d'entre eux ne sera sauvé grâce à Charles :
» C'est aujourd'hui qu'il leur faudra mourir! »
L'archevêque Turpin l'entendit bien.
Il n'y a pas d'homme sous le ciel qu'il désire tant haïr.
Il pique son cheval des éperons d'or fin 1245
et est allé le frapper avec grande force.
Il lui brise l'écu, lui défait le haubert,
lui met son grand épieu au milieu du corps,
il enfonce bien le fer, de sorte qu'il ébranle l'homme, mort,
de toute la longueur de sa lance, il l'abat mort sur le chemin. 1250
Il regarde en arrière, voit gésir le traître,
il ne laissera pas de lui parler, dit-il :
« Misérable païen, vous en avez menti!
» Charles, mon seigneur, est toujours notre sauvegarde,
» nos Français n'ont pas envie de fuir. 1255
» Vos compagnons, nous les clouerons tous sur place.
» Je vous dis une nouvelle : il vous faut souffrir la mort.
» Frappez, Français : qu'aucun de vous ne se relâche!
» Ce premier coup est à nous, Dieu merci! »
Il crie Monjoie pour garder le champ de bataille. 1260

1236. *Barbarie :* l'Afrique du Nord, pays des Berbères.

[Onze des douze Pairs païens tombent ainsi sous les coups des Francs ; seul Margaris échappe au carnage.]

CVII

Sire Olivier a tiré sa bonne épée,
que son compagnon Roland lui a tant réclamée,
et il la lui a montrée, en chevalier.
Il frappe un païen, Justin de Val Ferrée.   1370
Il lui a fendu toute la tête par le milieu,
tranché le corps et la brogne safrée,
la bonne selle, qui est ornée de gemmes serties dans l'or,
et il a coupé l'échine du cheval :
il l'abat mort devant lui sur le pré.   1375
Roland dit : « Je vous reconnais, frère!
» C'est pour de tels coups que l'empereur nous aime. »
De toutes parts on crie Monjoie.

CVIII

Le comte Gérin est sur le cheval Sorel,
et son compagnon Gérier sur Passecerf.   1380
Ils lâchent leurs rênes, éperonnent tous deux avec force,
et vont frapper un païen, Timozel,
l'un sur l'écu, l'autre sur le haubert.
Ils lui ont brisé leurs deux épieux dans le corps,
et le rejettent mort, à la renverse, dans un guéret.   1385
Je n'ai pas entendu dire, et je ne sais
lequel des deux fut le plus rapide.
..., celui-là était fils de Burdel.

....
Et l'archevêque leur tua Siglorel,   1390
l'enchanteur qui était déjà allé en enfer :
Jupiter l'y avait conduit par un sortilège.
Turpin dit : « Celui-là nous avait fait du mal. »·
Roland répond : « Le misérable est vaincu.
» Olivier, frère, voilà les coups qui me plaisent! »   1395

6. Mêlée générale : « grant perte »*des Français

CIX

La bataille s'est durcie entre temps.
Francs et païens y portent des coups merveilleux.
Les uns frappent, les autres se défendent.
Que de hampes brisées et sanglantes!

1370. *Val Ferrée :* lieu inconnu. — 1388. Le texte du manuscrit est ici peu compréhensible et doit comporter une lacune. — 1392. *Jupiter* est parfois cité dans les chansons de geste comme un dieu des Sarrasins. — * *Grant perte :* c'est l'expression employée, en ancien français, au vers 1691.

Que de gonfanons et que d'enseignes déchirés! 1400
Que de bons Français y perdent leur jeune vie!
Ils ne reverront plus leurs mères ni leurs femmes,
ni ceux de France qui les attendent aux ports.
Charlemagne en pleure et se désole.
Qui s'en soucie? Ils n'auront pas de secours; 1405
Ganelon a bien mal servi Charles, ce jour-là
où il alla à Saragosse, vendre toute sa maison.
Ensuite, il en perdit et la vie et les membres;
au procès d'Aix, il fut condamné à être pendu,
et avec lui trente de ses parents, 1410
qui ne s'attendaient pas à mourir.

CX

La bataille est merveilleuse et accablante.
Roland et Olivier frappent très dur,
l'archevêque rend plus de mille coups,
les douze Pairs ne perdent pas leur temps, 1415
et les Français frappent tous ensemble.
Les païens meurent par milliers et centaines :
celui qui ne s'enfuit pas n'a pas de protection contre la mort :
qu'il le veuille ou non, il y laisse sa vie.
Les Français y perdent leurs meilleurs champions. 1420
Ils ne reverront plus leurs pères ni leurs parents,
ni Charlemagne, qui les attend aux ports.
En France, il y a une extraordinaire tourmente,
des ouragans de tonnerre et de vent,
des pluies, des grésils, hors de toute mesure; 1425
la foudre tombe, dru et souvent,
et, en vérité, c'est un tremblement de terre.
De Saint-Michel-du-Péril jusqu'à Sens,
de Besançon jusqu'au port de Wissant,
il n'y a pas de maison dont un pan de mur ne se crève. 1430
En plein midi, ce sont de grandes ténèbres,
il n'y a de clarté que si le ciel se fend.
Personne ne voit cela sans être frappé d'épouvante.
La plupart disent : « C'est le terme fatal,
» la fin du monde qui est devant nous. » · 1435
Ils ne savent pas, ils ne disent rien de vrai :
c'est la grande douleur pour la mort de Roland.

[*Marsile arrive sur le champ de bataille avec une immense armée. Les chrétiens fléchissent sous le nombre malgré leur prouesse. Déjà Engelier de Gascogne a péri.*]

1428-1429. Les quatre noms géographiques : le *Mont-Saint-Michel*, la ville de *Sens* en Bourgogne (?), *Besançon*, le port de *Wissant*, sur la mer du Nord, semblent indiquer les limites de l'ancienne Neustrie sur laquelle ont régné les derniers Carolingiens. On aurait là la trace d'une très ancienne tradition, et cela irait contre la thèse, soutenue par Joseph Bédier, des origines récentes et cléricales de la Chanson. — 1435. Cette description saisissante est inspirée directement de l'Apocalypse et du récit de la Passion du Christ.

CXVIII

D'un autre côté, il y a un païen, Valdabrun;
il avait armé chevalier le roi Marsile.
Sur mer, il est seigneur de quatre cents dromonts;
il n'y a pas de marin qui ne se réclame de lui.   1565
Il avait déjà pris Jérusalem par trahison,
violé le temple de Salomon
et tué le patriarche devant les fonts.
Celui-là avait reçu le serment du comte Ganelon
et lui avait donné son épée et mille mangons.   1570
Il monte le cheval qu'il appelle Gramimont,
plus rapide qu'un faucon.
il le pique bien des éperons aigus
et va frapper le puissant duc Sanson.
Il lui brise l'écu et lui déchire le haubert,   1575
il lui met dans le corps les pans de son gonfanon,
de toute la longueur de sa lance, il l'abat, mort, des arçons :
« Frappez, païens, ainsi nous les vaincrons très bien! »
Les Français disent : « Dieu, quelle pitié d'un tel baron! »

CXIX

Le comte Roland, quand il voit mort Sanson,   1580
vous pouvez savoir qu'il en eut grande douleur.
Il éperonne son cheval, et court à toute force sur le païen.
Il tient Durendal, qui vaut plus que l'or fin;
le baron va le frapper, tant qu'il peut,
sur son heaume, qui était orné de gemmes serties dans l'or;   1585
il fend la tête, la brogne et le corps,
la bonne selle, garnie de gemmes serties dans l'or,
et, profondément, le dos du cheval.
Il tue l'un et l'autre, qu'on l'en blâme ou qu'on l'en loue.
Les païens disent : « Le coup est bien dur pour nous! »   1590
Roland répond : « Je ne puis aimer les vôtres;
» C'est chez vous que se trouvent l'orgueil et le tort. »

1564. *Dromonts* : grands navires, vaisseaux de course. — 1568. *Les fonts* : les fonts baptismaux. — 1570. *Mangons* : monnaie d'or. — 1577. *Arçons* (dérivé d'*arc*) : les deux pièces cintrées constituant l'avant et l'arrière de la selle.

● **L'orgueil de Roland** (v. 1592) — « C'est pousser bien loin l'estime de soi que de juger d'après les siens propres les beaux coups frappés par d'autres, par un Olivier surtout. Pourtant, en pleine bataille, Roland s'est écrié : "Mon compagnon se fâche; ses coups valent les miens!" C'est là de l'orgueil, et nous savons que cet orgueil incapable de se maîtriser l'a, plus encore que la haine de Ganelon, conduit à Roncevaux » (P. Le Gentil, *la Chanson de Roland*, p. 124).

CXX

Il y a là un Africain venu d'Afrique,
c'est Malquiant, le fils du roi Malcud.
Ses équipements sont tous incrustés d'or;   1595
sous le ciel, ils brillent plus que tous les autres.
Il monte le cheval qu'il appelle Saut Perdu.
Il n'y a aucune bête qui puisse courir comme lui.
Il va frapper Anseïs sur l'écu;
il lui fend tout le vermeil et l'azur.   1600
Il lui a déchiré les pans de son haubert,
il lui met dans le corps le fer et la hampe.
Le comte est mort, sa vie est terminée.
Les barons disent : « Baron, quel malheur pour toi! »

CXXI

                                                   1605
L'archevêque Turpin va par le champ.
Jamais un tel religieux n'a chanté la messe,
qui eût fait tant de prouesses de son corps.
Il dit au païen : « Que Dieu t'envoie tous les maux!
» Tu as tué un homme dont j'ai le regret au cœur. »   1610
Il a fait s'élancer son bon cheval,
il a frappé le païen sur l'écu de Tolède,
si bien qu'il l'abat mort sur l'herbe verte.

CXXII

De l'autre côté, il y a un païen, Grandoine,
fils de Capuel, le roi de Cappadoce.
Il monte le cheval qu'il appelle Marmoire,   1615
plus rapide que l'oiseau qui vole.
Il lâche la rêne, le pique des éperons
et va frapper Gérin de toute sa force.
Il lui brise l'écu vermeil, le lui fait tomber du cou,
après, il lui a ouvert sa brogne,   1620
il lui met dans le corps toute l'enseigne bleue,
de sorte qu'il l'abat mort sur une haute roche.
Il tue encore son compagnon, Gérier,
et Bérenger, et Gui de Saint-Antoine;
puis il va frapper un puissant duc, Austorge,   1625
qui tenait Valence (?) et Envers sur le Rhône.
Il l'abat mort, les païens en ont grande joie.
Les Français disent : « Les nôtres déclinent grandement! »

1593. *Afrique* au sens du latin *Africa*, la province d'Afrique, aujourd'hui la Tunisie et la Tripolitaine. — 1594. *Malquiant* : « mal pensant »; *Malcud* : « mal cuit » (?), noms de fantaisie donnés aux païens. — 1611. *Tolède*, en Castille, est déjà célèbre pour son industrie des armes. — 1614. *Cappadoce* : province d'Asie Mineure. — 1626. *Valence* est une conjecture; le manuscrit porte *Valeri*, nom de lieu inconnu; *Envers sur le Rhône* n'est pas identifié.

CXXIII

Le comte Roland tenait son épée sanglante.
Il a bien entendu que les Français se découragent;   1630
il en a tant de douleur qu'il pense que son cœur va éclater.
Il dit au païen : « Que Dieu te gratifie de tous les maux!
» Tu as tué un homme que je compte te faire payer bien cher! »
Il éperonne son cheval, qui entendit la dispute (?).
Quel que soit celui qui le paie de sa vie, ils en sont venus aux mains.

CXXIV

Grandoine était preux et vaillant,
puissant et brave combattant.
Sur sa route, il a rencontré Roland.
Il ne l'avait pas vu avant, pourtant il le reconnut avec certitude
à son fier visage et au corps qu'il avait beau,   1640
et au regard et à la contenance :
il ne peut se retenir de s'en épouvanter.
Il veut fuir, mais cela ne lui vaut rien :
le comte le frappe si violemment
qu'il lui fend le heaume jusqu'au nasal,   1645
lui tranche le nez, la bouche, les dents
et tout le corps avec le haubert d'Alger,
les deux bosses d'argent de la selle dorée
et, profondément, le dos du cheval.
Il tue l'un et l'autre sans aucun recours,   1650
et ceux d'Espagne s'en proclament tous affligés.
Les Français disent : « Il frappe bien, notre protecteur! »

CXXV

La bataille est merveilleuse et précipitée;
les Français y frappent avec vigueur et colère,
ils tranchent les poings, les côtés, les échines,   1655
les vêtements jusqu'aux chairs vives.
Sur l'herbe verte, le clair sang s'écoule :
« Terre des Aïeux, que Mahomet te maudisse!
» Sur tous les peuples, le tien est hardi. »   1660
Il n'est aucun qui ne crie : « Marsile!
» Chevauche, roi, nous avons besoin d'aide! »

CXXVI

La bataille est merveilleuse et grande.
Les Français frappent des épieux brillants.
Là vous auriez pu voir une si grande souffrance des hommes,   1665

1634. Le texte est douteux et le sens obscur. — 1645. *Nasal :* partie du casque qui protège le nez. — 1647. *Alger* est connue pour son industrie des haubers. — 1648. Les *bosses* de la selle sont les arçons : voir p. 53, note 1577. — 1655-1660. On respecte ici le numérotage traditionnel de Th. Muller, qui ajoutait, à tort, un vers 1659 absent du manuscrit.

tant de soldats morts, blessés, ensanglantés!
L'un gît sur l'autre, sur le dos, sur la face.
Les Sarrasins ne peuvent l'endurer davantage;
qu'ils le veuillent ou non, ils abandonnent le champ.
Les Français les poursuivent de vive force.   1670

CXXVII

Le comte Roland appelle Olivier :
« Seigneur compagnon, si vous voulez l'admettre,
» l'archevêque est fort bon chevalier;
» il n'y en a pas de meilleur sur la terre ni sous le ciel;
» il sait très bien frapper de la lance et de l'épieu. »   1675
Le comte répond : « Allons donc l'aider! »
A ces mots, les Francs ont recommencé.
Les coups sont durs, la bataille est rude;
il y a grande souffrance parmi les chrétiens.
Si l'on avait vu ensuite Roland et Olivier   1680
frapper et batailler de leurs épées!
L'archevêque porte des coups d'épieu.
Ceux qu'ils ont tué, on peut bien les estimer
— cela est écrit dans les chartes et les brefs,
nous dit la Geste — à plus de quatre milliers.   1685
Aux quatre premiers tours, la chose a bien tourné pour eux;
le cinquième, ensuite, leur est pesant et lourd.
Ils sont tous morts, ces chevaliers français,
hormis soixante, que Dieu a épargnés;
avant de mourir, ils vendront bien cher leur vie.   1690

CXXVIII

Le comte Roland voit le grand massacre des siens.
Il appelle son compagnon Olivier :
« Beau seigneur, cher compagnon, pour Dieu, que vous en semble?
» Vous voyez tant de bons vassaux étendus à terre!
» Nous pouvons plaindre la douce France, la belle :   1695
» comme elle reste maintenant démunie de tels barons!
» Eh! roi, ami, vous n'êtes pas ici!
» Olivier, frère, comment pourrons-nous faire?
» Comment lui ferons-nous parvenir des nouvelles ? »
Olivier dit : « Je ne sais comment l'appeler.   1700
» J'aime mieux mourir que nous voir reprocher une honte. »

- « La Geste » — Il s'agit de la source écrite, intitulée *Gesta Fran-corum*. L'auteur a recours à cette autorité pour accréditer ce qui pourrait paraître exagéré. La Geste elle-même s'appuie sur des *chartes* (documents publics) et des *brefs* (lettres privées). La chronique en question devait comporter déjà des éléments romanesques de la Chanson.

Roland ▶

◀ Olivier

Statues
du
XIIᵉ siècle
Cathédrale
de
Vérone

7. Le son du cor

CXXIX

Roland dit : « Je cornerai l'olifant,
» Charles qui passe les ports, l'entendra.
» Je vous le garantis, les Francs reviendront. »
Olivier dit : « Ce serait un grand déshonneur   1705
» et un blâme pour tous vos parents :
» cette honte durerait toute leur vie!
» Quand je vous l'ai dit, vous n'en avez rien fait.
» Vous ne le ferez pas maintenant avec mon approbation.
» Si vous sonnez le cor, ce ne sera pas de la bravoure.   1710
» Vous avez déjà les deux bras sanglants! »
Le comte répond : « J'ai frappé de bien beaux coups! »

CXXX

Roland dit : « Notre bataille est dure;
» je sonnerai le cor, le roi Charles l'entendra. »
Olivier dit : « Ce ne serait pas de la vaillance!   1715
» Quand je vous l'ai dit, compagnon, vous n'avez pas daigné.
» Si le roi avait été ici, nous n'aurions subi aucun dommage.
» Ceux qui sont là ne doivent pas être blâmés. »
Olivier dit : « Par cette mienne barbe,
» si je puis revoir ma gentille sœur Aude,   1720
» vous ne coucherez jamais entre ses bras! »

CXXXI

Roland dit : « Pourquoi cette colère contre moi? »
Et l'autre répond : « C'est votre faute, compagnon,
» car la vaillance accompagnée de sens n'est pas la folie;
» la mesure vaut mieux que la témérité.   1725
» Les Français sont morts à cause de votre légèreté.
» Jamais plus Charles ne recevra notre service.
» Si vous m'aviez cru, mon seigneur serait revenu;
» cette bataille, nous l'aurions faite ou remportée (?);
» le roi Marsile serait prisonnier ou mort.   1730
» Votre prouesse, Roland, c'est pour notre malheur que nous l'avons
» Charlemagne ne recevra jamais d'aide de nous.   [vue !

1711. *Les deux bras* : la lourde épée du Moyen Age se brandit à deux mains.
— 1710. C'est dire indirectement ce qui sera affirmé avec force dans la laisse
suivante : Roland est le seul responsable du désastre des Français. — 1720.
Aude, sœur d'Olivier et fiancée de Roland, n'est citée qu'en ce passage, mis à
part le récit de sa mort (laisses CCLXVIII-CCLXIX); on remarque notamment
qu'à l'instant de mourir, Roland ne lui consacre aucune pensée (cf. laisse
CLXXVI). L'amour n'occupe qu'une place très réduite dans les plus anciennes
chansons de geste. — 1724-1725 : formules qui expriment avec bonheur la
« sagesse » d'Olivier.

» Il n'y aura jamais un tel homme jusqu'au Jugement dernier.
» Vous mourrez, et la France en sera déshonorée.
» Aujourd'hui prend fin notre loyale camaraderie :   1735
» avant ce soir, la séparation sera très dure. »

CXXXII

L'archevêque les entend se quereller;
il pique son cheval des éperons d'or pur,
il vient jusqu'à eux et se met à les blâmer :
« Sire Roland, et vous, sire Olivier,   1740
» je vous en prie au nom de Dieu, ne vous querellez pas!
» Sonner du cor ne nous sauverait plus,
» mais cependant, il vaut bien mieux le faire :
» vienne le roi, il pourra nous venger;
» ceux d'Espagne ne doivent s'en aller satisfaits.   1745
» Nos Français mettront ici pied à terre,
» ils nous trouveront morts, taillés en pièces,
» ils enlèveront nos corps dans des bières, sur des bêtes de somme,
» ils nous pleureront avec douleur et pitié,
» ils nous enterreront dans des aîtres d'église,   1750
» ni loups, ni porcs, ni chiens ne nous mangeront. »
Roland répond : « Sire, vous parlez fort bien. »

CXXXIII

Roland a mis l'olifant à sa bouche;
il le place bien, le sonne avec grande force.
Hauts sont les monts, et le son est fort long,   1755
à trente grandes lieues on l'entendit se répercuter.
Charles l'entendit, ainsi que toutes ses troupes.
Le roi dit : « Nos hommes livrent bataille! »
Et Ganelon lui répondit à l'encontre :
« Si un autre le disait, cela semblerait un grand mensonge. »   1760

━━

- ● **Le personnage de Turpin**

    ① Définir les divers aspects de la personnalité de l'archevêque Turpin dans la Chanson : le prêtre (laisse LXXXIX), le guerrier (laisse XCV), ici le sage conciliateur, plus loin (laisses CLXII à CLXVII), le parfait chrétien à la fin édifiante.

- ● **La querelle de Roland et d'Olivier**

    ② Montrer en quoi la situation est retournée par rapport aux laisses LXXXII-LXXXV.

    ③ Quelle signification profonde faut-il attacher à la décision de Roland? Paraît-il reconnaître par là qu'il s'était trompé? Ou n'y a-t-il pas, au contraire, une logique supérieure — celle de l'héroïsme — dans sa conduite?

━━

CXXXIV

Le comte Roland, avec peine et souffrance,
à grande douleur sonne son olifant.
Par la bouche, le sang clair jaillit.
La tempe de son cerveau éclate.
La portée du cor qu'il tient est très grande;   1765
Charles, qui passe les ports, l'entend.
Le duc Naimes le perçoit, les Français l'écoutent.
Le roi dit : « J'entends le cor de Roland!
» Jamais il ne l'eût sonné, s'il n'eût été à combattre. »
Ganelon répond : « Il n'y a aucune bataille!   1770
» Vous êtes vieux, votre tête est fleurie et blanche;
» par de telles paroles vous ressemblez à un enfant.
» Vous connaissez bien le grand orgueil de Roland;
» il est surprenant que Dieu le tolère si longtemps.
» Il a déjà pris Noples sans votre commandement.   1775
» Les Sarrasins assiégés firent une sortie
» et se battirent contre le bon vassal Roland;
» et lui, avec les eaux courantes, il lava ensuite les prés du sang
» il agit ainsi pour qu'il n'y parût pas.   [répandu;
» Ne fût-ce que pour un lièvre, il sonne le cor toute la journée. 1780
» Il est maintenant à plaisanter devant ses pairs.
» Sous le ciel, il n'y a personne qui osât l'attaquer au combat.
» Chevauchez donc! Pourquoi vous arrêtez-vous?
» La Terre des Aïeux est bien loin devant nous. »

CXXXV

Le comte Roland a la bouche sanglante.   1785
La tempe de son cerveau est rompue.
Il sonne l'olifant avec douleur et peine.
Charles l'entend et ses Français prêtent l'oreille.
Le roi dit : « Ce cor a longue haleine! »
Le duc Naimes répond : « Un baron y met sa peine!   1790
» Il livre bataille, à mon avis.
» Celui qui l'a trahi vous demande de vous dérober.
» Armez-vous, criez votre enseigne,
» secourez votre noble maison;
» vous entendez bien que Roland se désespère! »   1795

CXXXVI

L'empereur a fait sonner ses cors.
Les Français mettent pied à terre et s'arment
de haubers, de heaumes et d'épées ornées d'or.
Ils ont de beaux boucliers, des épieux grands et forts,
des gonfanons blancs, vermeils et bleus.   1800

1764. La connaissance de l'anatomie est approximative dans les chansons de geste. — 1775. *Noples* : peut-être Pampelune; cf. v. 198.

Tous les barons de l'armée montent sur les destriers.
Ils éperonnent vivement tant que durent les ports.
Il n'y en a pas un qui ne parle à l'autre :
« Si nous voyions Roland avant qu'il fût mort,
» avec lui nous porterions de grands coups! »   1805
Qu'importe cela? Car ils ont trop tardé.

CXXXVII

La fin de la journée est pleine de clarté.
Au soleil, les armes brillent,
hauberts et heaumes jettent de grands feux,
ainsi que les écus, qui sont bien peints de fleurs,   1810
et les épieux, les gonfanons dorés.
L'empereur chevauche, plein de colère,
et les Français, peinés et courroucés;
il n'en est aucun qui ne pleure amèrement,
tous sont remplis de crainte pour Roland.   1815
Le roi fait prendre le comte Ganelon,
il le remet aux cuisiniers de sa maison.
Il appelle leur grand chef, Besgon :
« Garde-le moi bien, comme un félon qu'il est.
» Il a fait trahison des miens. »   1820
Celui-ci le reçoit, il y met cent compagnons
de la cuisine, des meilleurs et des pires.
Ceux-ci lui arrachent la barbe et la moustache,
chacun le frappe de quatre coups de poing,
ils le battent bien à coups de triques et de bâtons,   1825
ils lui mettent au cou un carcan
et l'enchaînent tout comme un ours;
ils l'ont monté pour sa honte sur une bête de somme.
Ils le gardent jusqu'au moment de le rendre à Charles.

CXXXVIII

Hauts sont les monts et ténébreux et grands,   1830
les vallées profondes, les eaux rapides.
Les clairons sonnent et derrière et devant,
et tous reprennent en réponse à l'olifant.
L'empereur chevauche en colère,
et les Français, courroucés et peinés;   1835

1813. Il n'est aucune laisse de la Chanson qui soit plus caractéristique de la variété du génie de l'auteur. Elle commence par l'éblouissante évocation d'une fin de journée pleine de lumière, avec tout l'éclat des armes au soleil couchant; en contraste, les sombres sentiments de Charlemagne et des Français. Puis, c'est toute la réaliste truculence des brutalités subies par Ganelon, livré aux cuisiniers. — 1830. Comme au vers 814, cette évocation du paysage convient parfaitement pour décrire les défilés du port de Cize, au nord de Roncevaux, que Charlemagne repasse pour aller secourir Roland. Voir v. 2271.

il n'y a aucun d'entre eux qui ne pleure et ne se désespère;
ils prient Dieu qu'il préserve Roland
jusqu'à ce qu'ils parviennent tous ensemble sur le champ de bataille :
avec lui, ils frapperont véritablement.
Qu'importe? car cela ne leur sert à rien.   1840
Ils tardent trop, ils ne peuvent y être à temps.

CXXXIX

Le roi Charles chevauche, en grand courroux;
sur sa brogne s'étale sa barbe blanche.
Tous les barons de France éperonnent avec vigueur;
il n'en est aucun qui ne manifeste sa colère   1845
de ne pas être avec Roland le capitaine
qui se bat avec les Sarrasins d'Espagne.
Celui-ci est si éprouvé que je ne crois pas que l'âme reste en lui.
Dieu! quels hommes, les soixante qu'il a dans sa compagnie!
Jamais roi ni capitaine n'en eut de meilleurs.   1850

8. Fuite de Marsile

CXL

Roland regarde sur les monts et les collines;
il voit tant de morts étendus, parmi ceux de France!
et il les pleure en noble chevalier :
« Seigneurs barons, que Dieu ait pitié de vous!
» Qu'il accorde le paradis à toutes vos âmes!   1855
» Qu'il les fasse reposer parmi les saintes fleurs!
» Jamais je n'ai vu de meilleurs vassaux que vous.
» Vous m'avez servi si longuement, en tous temps!
» Vous avez conquis pour Charles de si grands pays!
» C'est pour son malheur que Charles vous a nourris!   1860
» Terre de France, vous êtes un doux pays,
» aujourd'hui rendu désert par un si dur malheur!
» Barons français, je vous vois mourir pour moi :
» je ne peux vous défendre ni vous préserver;
» Que Dieu vous aide, qui jamais ne mentit!   1865
» Olivier, frère, je ne dois pas vous abandonner.
» Je mourrai de douleur, si rien d'autre ne me tue.
» Sire compagnon, allons-y frapper à nouveau! »

CXLI

Le comte Roland est revenu sur le champ de bataille;
il tient Durendal, il frappe comme un vaillant.   1870
Il a taillé en pièces Faldrun de Pui

1840-1841. Ces vers reprennent, en le développant, le thème du v. 1806,
si plein de pathétique. — 1843. La barbe étalée sur la brogne signifie une
attitude de bravade à l'adresse de l'ennemi. Cf. v. 3122.

et vingt-quatre hommes parmi tous les mieux prisés;
il n'y aura jamais personne qui veuille davantage se venger.
Comme le cerf s'en va devant les chiens,
les païens s'enfuient devant Roland.   1875
L'archevêque dit : « Vous faites merveille!
» Voilà la valeur que doit avoir un chevalier
» qui porte des armes et monte un bon cheval;
» il doit être fort et farouche dans la bataille,
» ou autrement, il ne vaut pas quatre deniers,   1880
» mais il doit être moine dans quelque couvent,
» alors il priera toujours pour nos péchés. »
Roland répond : « Frappez, ne les épargnez pas! »
A ces mots, les Francs ont repris la bataille.
Il y eut grand perte parmi les chrétiens.   1885

CXLII

L'homme qui sait qu'il n'y aura pas de prisonniers
fait une belle défense dans une telle bataille;
c'est pourquoi les Francs sont féroces comme des lions.
Voici Marsile, qui vient comme un baron.
Il monte le cheval qu'il appelle Gaignon;   1890
il l'éperonne bien, il va frapper Bevon;
celui-ci était seigneur de Beaune et de Dijon.
Il lui brise l'écu et lui déchire le haubert,
si bien qu'il l'abat mort, sans autre blessure.
Puis il a tué Yvoire et Yvon,   1895
et avec eux Gérard de Roussillon.
Le comte Roland n'est guère loin de lui;
il dit au païen : « Que Dieu te porte malheur!
» A bien grand tort, tu me tues mes compagnons!
» Tu en auras un coup avant que nous ne nous séparions,   1900

1881. Le dédain qu'exprime Turpin pour l'état monastique semble indiquer que l'auteur de la Chanson n'était pas un moine. Mais sa connaissance de la liturgie atteste qu'il était clerc. — 1892. *Beaune* et *Dijon*, villes de Bourgogne.

● **Le « regret »** — Le « regret funèbre » est traditionnel dans la chanson de geste; on lira plus loin ceux d'Olivier, de Turpin, et la belle prière que prononce Charlemagne sur le corps de son neveu (laisses CCVI-CCX). C'est un thème épique hérité de l'Antiquité classique, le *planctus*.

On notera aussi l'évocation du paradis conçu comme un jardin fleuri, fréquente dans la chanson de geste; on la retrouvera aux vers 2197 et 2898. *Fleurir* signifie couramment « ressusciter » en style liturgique.

» et aujourd'hui tu sauras le nom de mon épée. »
Il va le frapper, en vrai baron.
Le comte lui a tranché le poing droit.
Puis il coupe la tête à Jurfaleu le Blond;
celui-là était fils du roi Marsile.   1905
Les païens crient : « Aide-nous, Mahomet!
» Nos dieux, vengez-nous de Charles!
» Il nous a mis sur cette terre de tels félons
» que jamais, au risque de mourir, ils n'abandonneront le champ
Ils disent entre eux : « Eh! enfuyons-nous! »   [de bataille. »
A ce mot, cent mille païens s'en vont,
qui, quel que soit qui les rappelle, ne reviendront pas.

9. La mort d'Olivier

CXLIII

A qui cela importe-t-il? Si Marsile s'est enfui,
son oncle Marganice est resté,
qui tenait Carthage pour son frère Garmalie (?)   1915
et l'Éthiopie, une terre maudite.
Il en a la race noire sous son autorité;
ils ont le nez grand et les oreilles larges;
ils sont, ensemble, plus de cinquante mille.
Ceux-là chevauchent fièrement et avec colère,   1920
puis ils crient l'enseigne des païens.
Roland dit : « C'est ici que nous recevrons le martyre,
» et je sais bien que nous n'avons guère à vivre;
» mais qu'il soit félon, celui qui d'abord ne vendra cher sa vie!
» Frappez, seigneurs, de vos épées fourbies   1925
» et disputez et vos personnes et vos vies,
» pour que la douce France ne soit pas déshonorée par nous!
» Quand Charles, mon seigneur, viendra sur ce champ,
» il verra un tel massacre de Sarrasins
» que pour un des nôtres il en trouvera quinze morts;   1930
» Il ne laissera pas de nous bénir. »

CXLIV

Quand Roland voit la race maudite
de ceux qui sont plus noirs que l'encre
et n'ont rien de blanc que les dents,

1904. *Jurfaleu* s'appelait Jurfaret au v. 504; les variantes dans la forme des noms propres sont chose courante dans la chanson de geste. — 1914. *Marganice*, oncle de Marsile, n'est autre que l'algalife dont il a été question aux v. 453, 493, 505 et 681 (où Ganelon invente le récit de sa mort). Sa présence à la tête de cinquante mille Noirs ne laisse aucun espoir de salut au dernier carré des chevaliers français. — 1915. Le texte est peu sûr.

le comte dit : « Je sais maintenant, assurément,   ¹⁹³⁵
» qu'aujourd'hui nous mourrons, j'en suis sûr.
» Frappez, Français, car je reprends le combat. »
Olivier dit : « Maudit soit le plus lent! »
A ce mot, les Français se lancent dans leurs rangs.

CXLV

Quand les païens virent qu'il y avait peu de Français,   ¹⁹⁴⁰
ils en ressentent entre eux de l'orgueil et du réconfort.
Ils se disent : « L'empereur est dans son tort! »
Le Marganice montait un cheval jaune-brun,
il le pique bien des éperons d'or,
il frappe Olivier par derrière, en plein dos.   ¹⁹⁴⁵
Il lui a démaillé le blanc haubert sur le corps,
il lui a fait sortir son épieu par la poitrine
et dit ensuite : « Vous avez reçu un fort coup!
» Charlemagne vous a laissé aux ports pour votre malheur!
» Il nous a fait tort, il n'est pas juste qu'il s'en loue,   ¹⁹⁵⁰
» car avec vous seul, j'ai bien vengé les nôtres. »

CXLVI

Olivier sent qu'il est frappé à mort.
Il tient Hauteclaire, dont l'acier est brillant,
il frappe Marganice sur le heaume aigu, doré,
en fait tomber les fleurs et les cristaux.   ¹⁹⁵⁵
Il lui tranche la tête jusqu'aux dents de devant,
il secoue sa lame, il l'a abattu mort;
puis il dit : « Païen, maudit sois-tu!
» Je ne dis pas que Charles n'ait pas perdu de monde,
» mais tu ne te vanteras pas, auprès d'une femme   ¹⁹⁶⁰
» ou d'une dame que tu aies vue, dans le royaume d'où tu étais,
» que tu m'aies pris la valeur d'un denier,
» ni fait de tort à moi ni à personne d'autre. »
Puis il crie à Roland qu'il vienne l'aider.

CXLVII

Olivier sent qu'il est blessé à mort.   ¹⁹⁶⁵
Il ne sera jamais rassasié de se venger.
Maintenant il frappe comme un baron dans la grande mêlée,
il taille en pièces les lances et les boucliers,
les pieds, les poings, les selles, les flancs.

1945. C'est par un coup déloyal, dans le dos, que Marganice frappe Olivier à mort, et son cri haineux (v. 1951) constitue en réalité le plus beau des éloges. Mais il ne jouit pas longtemps de son triomphe. — 1965. Laisse « parallèle » à la précédente : même vers d'intonation, mais un élément nouveau du récit y est introduit.

Qui l'aurait vu mutiler les Sarrasins,   1970
jeter un mort sur l'autre,
pourrait garder souvenir d'un bon vassal.
Il ne veut pas oublier l'enseigne de Charles :
il crie Monjoie à haute et claire voix,
il appelle Roland, son ami et son pair :   1975
« Sire compagnon, venez donc tout près de moi!
» A grande douleur, aujourd'hui nous serons séparés. »

CXLVIII

Roland regarde Olivier au visage;
il était blême, livide, décoloré et pâle.
Son sang tout clair lui coule sur le corps;   1980
les caillots en tombent à terre.
« Dieu, dit le comte, je ne sais que faire.
» Sire compagnon, quel malheur pour votre vaillance!
» Il n'y aura jamais d'homme qui te vaille.
» Eh! douce France, comme tu resteras aujourd'hui dégarnie   1985
» de bons vassaux, abattue et déchue!
» L'empereur en aura grand dommage. »
A ce mot, il s'évanouit sur son cheval.

CXLIX

Voilà Roland évanoui sur son cheval
et Olivier qui est blessé à mort.   1990
Il a tant saigné que ses yeux en sont troublés.
Ni de loin ni de près il ne peut voir assez clair
pour pouvoir reconnaître aucun mortel.
Comme il a rencontré son compagnon,
il le frappe en haut sur le heaume aux gemmes serties dans l'or,   1995
il le lui fend jusqu'au nasal,
mais il ne l'a pas touché à la tête.
A ce coup, Roland l'a regardé,
il lui demande doucement, gentiment :
« Sire compagnon, le faites-vous de votre gré?   2000
» C'est Roland, qui vous aime tant!
» Vous ne m'aviez nullement défié. »
Olivier dit : « Maintenant je vous entends parler.
» Je ne vous vois pas : que le Seigneur Dieu vous voie!
» Je vous ai frappé; pardonnez-le-moi! »   2005
Roland répond : « Je n'ai aucun mal.
» Je vous le pardonne ici et devant Dieu. »
A ce mot, ils s'inclinent l'un vers l'autre.
C'est dans un tel amour que les voici séparés.

2002. Le code chevaleresque exigerait, en effet, qu'Olivier défiât Roland avant
de frapper, s'il avait des raisons de le faire. Mais c'est une méprise, comme le
devine Roland, qui parle à son compagnon avec une extrême douceur.

CL

Olivier sent que la mort l'angoisse fortement.   2010
Les deux yeux de la tête lui tournent,
il perd toute l'ouïe et la vue;
il met pied à terre, se couche sur le sol,
durement, à haute voix, il confesse ses péchés,
les deux mains jointes vers le ciel,   2015
il prie Dieu qu'il lui donne le paradis
et bénit Charles, la douce France
et, plus que tous les hommes, son compagnon Roland.
Le cœur lui manque, son heaume retombe,
tout son corps se joint à la terre.   2020
Le comte est mort, il ne peut vivre davantage.
Roland le preux le pleure, épanche sur lui sa douleur;
jamais sur terre vous n'entendrez homme plus affligé.

CLI

Roland voit que son ami est mort,
qu'il est étendu la face contre terre.   2025
Il se met, bien doucement, à lui dire le dernier adieu :
« Sire compagnon, quel malheur pour votre hardiesse!
» Nous avons été ensemble pendant des années et des jours,
» jamais tu ne m'as fait de mal, et moi, jamais je ne t'ai fait tort.
» Quand tu es mort, il m'est douloureux de vivre. »   2030
A ce mot, le marquis s'évanouit
sur son cheval qu'il appelle Veillantif.

2013. La fin d'Olivier est humble et édifiante. Elle préfigure celle de Roland, qui aura les mêmes caractères, mais sera plus développée (v. 2355-2396). — 2025. *La face contre terre* est l'attitude de la contrition : cf. v. 2358. — 2026. Ce n'est pas exactement le « regret » rituel; celui-ci viendra aux v. 2207-2214.

● **Grandeur et pathétique** — La tragique méprise d'Olivier, qui, frappé à mort et aveuglé par son sang, manque de tuer Roland, atteint au plus haut pathétique : l'idée que le compagnonnage exemplaire des deux héros eût pu prendre fin par la mort de l'un, du fait de l'autre, est proprement intolérable. Mais le malheur n'a pas lieu, et l'incident ne fait que permettre aux deux amis d'échanger, au moment où la mort va les séparer, des paroles d'apaisement et de pardon, concluant sur une note de sublime sérénité le conflit qui les opposait depuis l'engagement de la bataille.

① Apprécier la valeur psychologique et poétique de cette péripétie.

Il est affermi sur ses étriers d'or fin;
de quelque côté qu'il aille, il ne peut tomber.

10. Fuite des païens

CLII

Avant que Roland ait repris ses sens,   2035
qu'il ne soit remis et revenu de son évanouissement,
un grand malheur lui est apparu :
les Français sont morts, il les a tous perdus,
sauf l'archevêque et Gautier de l'Hum.
Ce dernier est redescendu des montagnes,   2040
il s'y est bien battu contre ceux d'Espagne.
Ses hommes sont morts, les païens les ont vaincus.
Qu'il le veuille ou non, il s'enfuit vers les vallées:
il appelle Roland pour qu'il lui vienne en aide :
« Eh! noble comte, vaillant homme, où es-tu?   2045
» Jamais je n'ai eu peur, là où tu étais.
» C'est moi, Gautier, celui qui conquit Maëlgut,
» moi, le neveu de Droon, le vieux et le chenu!
» Pour ma vaillance, j'étais ton ami.
» Ma lance est brisée, mon écu percé,   2050
» mon haubert démaillé et déchiré,
» j'ai été frappé d'une lance au milieu du corps (?).
» Je vais mourir bientôt, mais je me suis vendu cher. »
A ce mot, Roland l'a entendu.
Il éperonne son cheval, il vient vers lui en piquant des deux.   2055

CLIII

Roland a de la peine, il est plein de colère;
dans la grande mêlée, il commence à frapper.
De ceux d'Espagne, il en jette morts vingt,
Gautier six et l'archevêque cinq.
Les païens disent : « Voici des hommes bien félons!   2060
» Gardez, seigneurs, qu'ils ne s'en aillent vivants.
» Qu'il soit un parfait traître, celui qui ne va pas les attaquer,
» et lâche, celui qui les laissera se sauver. »
Alors ils reprennent leurs huées et leurs cris;
de toutes parts, ils vont à nouveau les attaquer.   2065

CLIV

Le comte Roland était un noble guerrier,
Gautier de l'Hum est un bien bon chevalier,
et l'archevêque est preux et éprouvé :
l'un ne veut pas abandonner l'autre.

2032. *Veillantif* semble signifier « vigilant »; mais d'autres versions de la Chanson nomment le cheval de Roland *Vieil Antif* : « vieil antique ». — 2047-2048. *Maëlgut*, chef sarrasin, et *Droon* ne sont pas autrement connus.

Dans la grande mêlée, ils frappent les païens.   2070
Mille Sarrasins mettent pied à terre
et quarante milliers sont à cheval.
A mon estime, ils n'osent les approcher.
Ils leur jettent des lances et des épieux,
des guivres, des dards, des museras, des agiers, des javelots.   2075
Au premier coup, ils ont tué Gautier,
à Turpin de Reims, ils ont percé tout son écu,
et brisé son heaume, ils l'ont blessé à la tête
et lui ont déchiré et démaillé son haubert;
ils l'ont blessé de quatre épieux dans le corps,   2080
Ils tuent sous lui son destrier.
C'est une grande pitié, quand l'archevêque tombe.

CLV

Quand Turpin de Reims se sent abattu
et frappé de quatre épieux dans le corps,
le baron se remet rapidement debout;   2085
il regarde Roland, court vers lui
et dit un mot : « Je ne suis pas vaincu!
» Jamais un bon vassal ne se rendra tant qu'il est vivant. »
Il tire Aumace, son épée d'acier brillant,
dans la grande presse, il frappe mille coups et plus.   2090
Charles l'a dit par la suite, qu'il n'épargna personne :
il a trouvé autour de lui quatre cents païens,
les uns blessés, les autres transpercés,
et il en était qui avaient la tête coupée.

2075. Ce sont différents types, mal connus, d'armes de jet, certaines évidemment exotiques. — 2080. Exemple caractéristique d'exagération épique. Pour faire accepter l'invraisemblance, l'auteur aura recours (v. 2095), comme d'habitude, à l'autorité de la « Geste », source écrite réelle ou supposée.

●　**Le retour de Gautier de l'Hum** — Dans les laisses LXIV et LXV, Gautier de l'Hum, « homme de Roland », est volontaire pour l'arrière-garde et est chargé par Roland de tenir les hauteurs qui dominent le champ de bataille; il y affronte le païen Almaris de Belferne. Il réapparaît ici, seul, ayant perdu ses mille compagnons dans la bataille. Joseph Bédier trouve insolite cette réapparition tardive, sans explication. Il suppose avec vraisemblance que le manuscrit comporte une lacune entre les laisses CLII et CLIII : les autres versions comportent une laisse où Gautier demande à Roland de ne pas le blâmer d'avoir fui le combat après la mort de ses chevaliers, ce que Roland lui accorde. Vaillant ou fuyard? Le personnage est ambigu, et Roland ne l'approuve ni ne le blâme.

Ainsi le dit la Geste et celui qui fut au champ de bataille, 2095
le baron Gille, pour qui Dieu fait des miracles,
et qui fit la charte au monastère de Laon.
Qui ne sait pas tout cela n'y entend rien.

CLVI

Le comte Roland se bat noblement,
mais il a le corps couvert de sueur et tout chaud. 2100
Il ressent à la tête grande douleur et grand mal :
il a la tempe éclatée parce qu'il a sonné le cor.
Mais il veut savoir si Charles viendra.
Il tire son olifant, il sonne faiblement.
L'empereur s'arrête et écoute : 2105
« Seigneurs, dit-il, les choses vont bien mal pour nous.
» Roland mon neveu nous quitte aujourd'hui.
» J'entends au son du cor qu'il ne vivra plus guère.
» Que celui qui veut y être chevauche bien vite!
» Sonnez vos clairons, autant qu'il y en a dans cette armée! » 2110
Soixante mille clairons sonnent si haut
que les monts retentissent et que les vallées renvoient le son.
Les païens l'entendent et ne le tiennent pas pour une plaisanterie.
Ils se disent : « Nous aurons bientôt Charles sur nous! »

CLVII

Les païens disent : « L'empereur revient. 2115
» Entendez sonner les clairons de ceux de France!
» Si Charles vient, il y aura grande perte parmi nous.
» Si Roland survit, notre guerre recommence,
» nous avons perdu l'Espagne, notre terre. »
Quatre cents d'entre eux se rassemblent, heaume en tête, 2120
de ceux qui se jugent les meilleurs sur le champ de bataille.
Ils livrent à Roland un assaut dur et cruel.
Le comte, pour sa part, a alors bien à faire.

CLVIII

Le comte Roland, quand il les voit venir,
se fait si fort, si fier et si vaillant! 212[
Il ne leur cèdera pas tant qu'il sera vivant.
Il monte le cheval qu'on appelle Veillantif,
il le stimule bien des éperons d'or fin,
il va tous les attaquer au milieu de la grande presse,
et avec lui, l'archevêque Turpin. 213[
Les païens se disent entre eux : « Ami, venez-vous-en!
» Nous avons entendu les cors de ceux de France :
» Charles, le roi puissant, revient. »

CLIX

Le comte Roland n'aima jamais un couard,
ni un orgueilleux, ni un homme mauvais et méchant, 213[
ni un chevalier qui ne fût bon vassal.

Il appelle l'archevêque Turpin :
« Sire, vous êtes à pied et je suis à cheval;
» pour l'amour de vous, je m'établirai ferme ici;
» nous aurons ensemble et le bien et le mal,   2140
» je ne vous laisserai pour aucun homme fait de chair.
» A l'instant même, nous rendrons aux païens cet assaut.
» Les meilleurs coups, ce sont ceux de Durendal. »
L'archevêque dit : « Félon soit celui qui ne frappera pas bien!
» Charles revient, qui va bien nous venger! »   2145

CLX

Les païens disent : « Nous sommes nés pour le malheur!
» Quel terrible jour s'est levé aujourd'hui pour nous!
» Nous avons perdu nos seigneurs et nos pairs;
» Charles, le vaillant, revient avec sa grande armée;
» nous entendons les claires trompettes de ceux de France;   2150
» grand est le bruit du cri de Monjoie!
» Le comte Roland a tant de cœur
» qu'il ne sera jamais vaincu par un homme de chair.
» Lançons nos traits contre lui, puis laissons-le en la place. »
Et ils ont fait ainsi, de dards et de guivres, en quantité,   2155
d'épieux, de lances, de museras empennés.
Ils ont brisé et percé l'écu de Roland,
déchiré et démaillé son haubert;
mais ne l'ont pas touché dans son corps.
Mais ils ont blessé Veillantif en trente endroits;   2160
sous le comte, et l'ont abattu mort.
Les païens s'enfuient, et le laissent ainsi en la place.
Le comte Roland est demeuré à pied.

2155-2156. Cf. v. 2075.

▬▬

● **Saint Gille et la Geste** — L'auteur invoque ici (v. 2096) le témoi-
gnage de saint Gille, qui passait pour avoir assisté à la bataille
de Roncevaux, grâce à un miracle, et l'avoir racontée dans une
charte déposée au monastère de Laon. Cette charte devait être
l'un des documents sur lesquels se fondait la *Gesta Francorum*
(cf. p. 56).

Bien entendu, il n'y a aucune vérité dans cette référence. « Saint
Gille, ermite de Provence, vécut deux cents ans avant la bataille
de Roncevaux, mais une certaine *Vita Sancti Egidii*, écrite
à la fin du Xe siècle ou au début du siècle suivant, faisait de
lui un contemporain de Charlemagne » (Martin de Riquer, *les
Chansons de geste françaises*, p. 29).

▬▬

CLXI

Les païens s'enfuient, courroucés, en colère;
ils se dirigent vers l'Espagne en forçant l'allure.   2165
Le comte Roland n'a pas le moyen de les poursuivre :
il a perdu Veillantif, son destrier;
bon gré mal gré, il est resté à pied.
Il va aider l'archevêque Turpin.
Il lui délace de la tête son heaume orné d'or,   2170
il lui enlève son blanc haubert léger,
il lui déchire tout son bliaut
et lui en met les pans dans ses grandes plaies;
puis il l'a pris dans ses bras contre sa poitrine
et l'a couché mollement sur l'herbe verte.   2175
A voix très douce, Roland lui adresse une prière :
« Eh! noble seigneur, donnez-m'en la permission!
» Nos compagnons, que nous avons tant aimés,
» ils sont morts maintenant, nous ne devons pas les abandonner.
» Je veux aller les chercher et les reconnaître,   2180
» les placer côte à côte et les ranger devant vous. »
L'archevêque dit : « Allez et revenez!
» Ce champ de bataille est à vous, Dieu merci, à vous et à moi. »

11. La mort de Turpin

CLXII

Roland part, il va tout seul sur le champ de bataille,
il fouille les vallées, il fouille les montagnes.   2185
Là il trouve Gérin et Gérier, son compagnon,
il trouve Bérenger et Atton,
il trouve là Anseïs et Sanson,
il trouve Gérard le Vieux de Roussillon.
Un par un, le baron les a pris,   2190
il est revenu avec eux vers l'archevêque,
les a mis en rangs devant ses genoux.
L'archevêque ne peut se retenir de pleurer,
il lève la main, fait sa bénédiction,
puis il dit : « Quel malheur de vous, seigneurs!   2195
» Que Dieu le Glorieux ait toutes vos âmes!
» Qu'il les mette en paradis parmi les saintes fleurs!
» Ma propre mort me rend si plein d'angoisse!
» Jamais je ne verrai le puissant empereur! »

2183. Roland, maître du champ de bataille, est vainqueur. Son triomphe est
encore accru du fait qu'il a pu, par la bénédiction de Turpin, secourir les âmes
de ceux dont il n'a pu sauver les vies. — 2186-2189. Les noms cités sont ceux
de sept des douze Pairs. On peut supposer une lacune d'un vers ou deux, où
seraient nommés Ivon, Ivoire et Engelier le Gascon. — 2197. Représentation
traditionnelle du *paradis* au Moyen Age; cf. v. 1856.

CLXIII

Roland repart, il va chercher encore sur le champ de bataille.　2200
Il a trouvé son compagnon Olivier.
Il l'a embrassé étroitement sur sa poitrine.
Comme il peut, il vient à l'archevêque,
il l'a couché sur un écu, avec les autres,
et l'archevêque l'a absous et signé de la croix.　2205
Alors croissent le deuil et la pitié.
Roland dit : « Beau compagnon Olivier,
» vous étiez le fils du duc Renier
» qui tenait la marche du val de Runers.
» Pour briser des lances, mettre en pièces des écus,　2210
» pour vaincre et affoler les orgueilleux
» et pour soutenir et conseiller les gens de bien,
» pour vaincre et affoler les vauriens,
» en aucune terre il n'y a meilleur chevalier. »

CLXIV

Le comte Roland, quand il vit morts ses pairs,　2215
et Olivier qu'il pouvait tant aimer,
en eut de l'attendrissement et commença à pleurer.
Sur son visage, il était tout défait.
Il avait tant de peine qu'il ne pouvait rester debout;
bon gré mal gré, il tombe évanoui à terre.　2220
L'archevêque dit : « Quel malheur de vous, baron! »

CLXV

Quand l'archevêque vit Roland s'évanouir,
il en éprouva tant de douleur qu'il n'en eut jamais de plus grande.
Il tend sa main, prend l'olifant.
A Roncevaux, il y a une eau courante;　2225
il veut y aller, il en donnera à Roland.

2207. C'est ici le véritable « regret » d'Olivier; cf. v. 2026. — 2208-2209. Ni le *duc Renier* ni le *val de Runers* (nom surprenant pour une marche) ne sont cités ailleurs. L'invention du personnage d'Olivier — seul héros de la Chanson ayant un nom latin et de caractère mystique — doit être relativement récente dans la tradition épique.

- **La mort de Turpin** — La mort du dernier compagnon de Roland est particulièrement émouvante : le prêtre-guerrier succombe après un dernier geste de charité. En unissant l'idéal chrétien et l'idéal chevaleresque, Turpin personnifie la mystique de la croisade.

A petits pas, il s'en va, chancelant.
Il est si faible qu'il ne peut avancer :
il n'en a pas la force, il a perdu trop de sang.
En moins de temps qu'on pourrait parcourir un seul arpent de champ,
le cœur lui manque, il tombe en avant.
Sa mort l'angoisse durement.

CLXVI

Le comte Roland revient de son évanouissement,
il se dresse debout, mais il éprouve une grande souffrance.
Il regarde en aval, il regarde en amont;   2235
sur l'herbe verte, au-delà de ses compagnons,
il voit là le noble baron étendu,
l'archevêque que Dieu avait mis sur terre en son nom.
Celui-ci proclame ses péchés, il regarde en haut,
il joint ses deux mains vers le ciel,   2240
il prie Dieu de lui donner le paradis.
Il est mort, Turpin, le guerrier de Charles.
Par de grandes batailles, par de très beaux sermons,
il a toute sa vie été un champion contre les païens.
Que Dieu lui accorde sa sainte bénédiction!   2245

CLXVII

Le comte Roland voit l'archevêque à terre;
il voit ses entrailles répandues hors de son corps.
Sous le front, la cervelle lui bouillonne;
sur sa poitrine, au milieu,
il a croisé ses blanches mains, les belles.   2250
Roland prononce sur lui une grande plainte, selon la loi de sa terre :
« Eh! noble seigneur, chevalier de bonne race,
» aujourd'hui je te recommande au Glorieux du ciel.
» Il n'y aura plus jamais d'homme qui le serve plus volontiers.
» Depuis les apôtres, il n'y eut jamais un tel homme de Dieu   2255
» pour maintenir la religion et pour attirer les hommes.
» Que votre âme ne manque pas d'être comblée!
» Que la porte du paradis lui soit ouverte! »

12. La mort de Roland

CLXVIII

Roland sent que la mort est proche de lui;   2260
sa cervelle lui sort par les oreilles.
Pour ses Pairs, il prie Dieu qu'il les appelle,

2260. On notera le réalisme de la description des blessures; cf. encore les v.
2247-2248. — 2262. *L'ange Gabriel* intervient à plusieurs reprises au cours de
la Chanson. C'est lui qui recueille l'âme de Roland (v. 2395), conseille Charlemagne (v. 2526, 2847 et 3993) et le soutient dans le combat (v. 3610).

et pour lui-même, il s'adresse à l'ange Gabriel.
Il prend l'olifant, pour n'encourir aucun reproche,
et, dans l'autre main, Durendal son épée.
A l'endroit où une arbalète ne peut tirer un carreau,   2265
il s'en va vers l'Espagne, dans un guéret.
Il monte sur un tertre; sous un bel arbre,
il y a quatre blocs de marbre.
Sur l'herbe verte, il est tombé à la renverse.
Là il s'est évanoui, car la mort est proche pour lui.   2270

CLXIX

Hauts sont les monts et très hauts les arbres.
Il y a quatre blocs de marbre, luisants.
Sur l'herbe verte, le comte Roland s'évanouit.
Un Sarrasin le regarde longuement;
il a contrefait le mort, il est étendu parmi les autres,   2275
il avait souillé de sang son corps et son visage.
Il se met debout et se hâte d'accourir.
Il était beau, fort et de grande bravoure.
Par orgueil, il entreprend un acte fatal de folie :
il se saisit de Roland, de son corps et de ses armes   2280
et dit un mot : « Il est vaincu, le neveu de Charles!
» Je porterai cette épée en Arabie. »
Comme il tirait, le comte reprit un peu ses sens.

CLXX

Roland sent qu'il lui prend son épée.
Il ouvre les yeux et lui dit un mot :   2285
« A ce qu'il me semble, tu n'es pas des nôtres! »
Il tient l'olifant, qu'il ne voulait pas perdre,
il le frappe sur le heaume orné de pierres serties dans l'or;
il brise l'acier, la tête et les os,
il lui fait sortir les deux yeux de la tête,   2290
il l'a abattu mort à ses pieds.
Puis il lui dit : « Païen truand, comment as-tu été assez audacieux
» pour te saisir de moi, à tort ou à raison?
» Personne ne l'entendra qui ne te tienne pour fou.
» Mon olifant en est fendu au gros bout,   2295
» le cristal et l'or en sont tombés. »

2266. *Guéret :* terre labourée non ensemencée ou champ en friche. — 2268. *Blocs de marbre* (en ancien français, *perrons :* voir p. 93, note 2819) : ce sont, non pas des rochers, mais des blocs disposés en rectangle, par la main de l'homme. — 2271. La formule (cf. v. 814 et 1830) vient ici mal à propos, selon R. Menéndez Pidal, puisque le combat a lieu dans la prairie dégagée de Roncevaux. L'indication pourrait être un vestige d'une rédaction ancienne de la Chanson, plus proche de la vérité historique, où le combat avait lieu dans les défilés dominés par des sommets, plus au Nord.

CLXXI

Roland sent qu'il a perdu la vue;
il se met debout, s'évertue autant qu'il peut.
Sur son visage, il a perdu la couleur.
Devant lui, il y a une pierre bise.   2300
Il y frappe dix coups, de chagrin et de rancœur.
L'acier grince, il ne se brise ni ne s'ébrèche.
« Eh! dit le comte, sainte Marie, à l'aide!
» Eh! Durendal, bonne épée, quel malheur de vous!
» Puisque je perds la vie, je n'ai plus désormais la charge de
» J'ai gagné par vous tant de batailles en rase campagne,   [vous.
» conquis tant de grandes terres
» que tient Charles qui a la barbe chenue.
» Il ne faut pas que vous possède un homme qui fuit devant un
» Un bon vassal vous a longtemps tenue;   [autre.
» il n'y en aura jamais une pareille dans la sainte France. »

CLXXII

Roland frappe sur le rocher de sardoine.
L'acier grince, il ne se brise ni ne s'ébrèche.
Quand il voit qu'il ne peut la mettre en pièces,
il se met à la plaindre doucement en lui-même :   2315
« Eh! Durendal, comme tu es belle, claire et blanche!
» Comme tu brilles et flamboies au soleil!
» Charles était aux vallées de Maurienne,
» quand Dieu lui manda du ciel par son ange
» qu'il te donnât à un comte capitaine :   2320
» alors le noble roi, le grand, me la ceignit.
» Avec elle, je lui conquis l'Anjou et la Bretagne,
» je lui conquis le Poitou et le Maine,
» je lui conquis Normandie la franche,
» je lui conquis la Provence et l'Aquitaine,   2325
» la Lombardie et toute la Romagne,
» je lui conquis la Bavière et toute la Flandre
» et la Bourgogne et toute la Pologne,

2304. Roland adresse un « regret funèbre » à son épée, comme il l'avait fait à ses compagnons. C'est que celle-ci est beaucoup plus qu'une arme : « un objet sacré qui lui a été confié par Dieu parce qu'il était digne de la porter » (P. Le Gentil). Le rappel des conquêtes n'est pas un trait d'orgueil, mais un hommage rendu à cette épée. — 2312. *Sardoine :* onyx ou quartz-agathe, de couleur orangée. — 2322-2331. De tous ces pays, Charlemagne n'a effectivement conquis que la Lombardie, la Romagne, la Saxe (actuellement la Westphalie) et la Bavière. La conquête de l'Anjou, de la Bretagne, de l'Angleterre et de l'Écosse appartient à Guillaume, duc de Normandie (l'auteur de la Chanson a beaucoup normannisé la légende). Les autres conquêtes sont légendaires. *Bourgogne* pourrait être une altération de copiste pour « Bougrerie » (Bulgarie) ou « Hongrie ».

» Constantinople, dont il reçut l'hommage,
» et la Saxe, où il fait tout ce qu'il demande;   2330
» je lui conquis l'Écosse et l'Islande (?)
» et l'Angleterre, qu'il considérait comme son domaine;
» je lui ai conquis tant de pays et de terres,
» que tient Charles, qui a la barbe fleurie.
» Pour cette épée, je ressens douleur et peine :   2335
» j'aime mieux mourir que la voir rester parmi les païens.
» Dieu, Père! ne laisse pas la France se déshonorer ainsi! »

CLXXIII

Roland frappe sur une pierre bise.
Il en abat plus que je ne vous sais dire.
L'épée grince, elle ne se froisse ni ne se brise;   2340
elle rebondit en haut vers le ciel.
Quand Roland voit qu'il ne la mettra pas en pièces,
il la plaint bien doucement en lui-même :
« Eh! Durendal, comme tu es belle et très sainte!
» Dans le pommeau d'or, il y a beaucoup de reliques,   2345
» la dent de saint Pierre et du sang de saint Basile
» et des cheveux de Monseigneur saint Denis;
» il y a du vêtement de sainte Marie;
» il n'est pas juste que des païens te possèdent;
» tu dois être servie par des chrétiens.   2350
» Que jamais ne te possède un homme capable de couardise!
» J'aurai par vous conquis de larges terres
» que tient Charles, qui a la barbe fleurie,
» et dont l'empereur est puissant et riche. »

CLXXIV

Roland sent que la mort le prend tout entier,   2355
qu'elle lui descend de la tête sur le cœur.
Il est allé en courant sous un pin,
il s'est couché sur l'herbe verte, face contre terre,
il met sous lui son épée et son olifant,
il tourne la tête du côté de la gent païenne;   2360
il a fait cela parce qu'il veut véritablement
que Charles et tous les siens disent
qu'il est mort en vainqueur, le noble comte.
Il proclame ses fautes, se frappant la poitrine à petits coups répétés,
pour ses péchés il tend vers Dieu son gant.   2365

2344. Dans la série des trois laisses parallèles consacrées au regret de Durendal, l'épée est d'abord simplement « bonne », puis « belle, claire et blanche »; elle est ici *très sainte* : on notera la gradation. L'épée est, en effet, un véritable reliquaire. — 2358. La *face contre terre* est l'attitude de la contrition; cf. v. 2025. — 2365. C'est le geste de l'hommage du vassal au suzerain; cf. v. 247.

CLXXV

Roland sent que son temps est fini.
Il est sur un sommet aigu, le visage tourné vers l'Espagne,
d'une main il se frappe la poitrine :
« Dieu, *mea culpa* à ta miséricorde,
» pour mes péchés, les grands et les petits,   2370
» que j'ai commis depuis l'heure de ma naissance
» jusqu'à ce jour où je suis ici frappé à mort! »
Il a tendu vers Dieu son gant droit.
Les anges du ciel descendent vers lui.

CLXXVI

Le comte Roland est couché sous un pin;   2375
il a tourné son visage vers l'Espagne.
Il se prit à se souvenir de bien des choses,
de tant de terres qu'il avait conquises en baron,
de la douce France, des hommes de son lignage,
de Charlemagne, son seigneur, qui l'avait nourri.   2380
Il ne peut se retenir d'en pleurer et d'en soupirer.
Mais il ne veut pas se mettre lui-même en oubli,
il proclame ses fautes, il implore la pitié de Dieu :
« Véritable Père, qui jamais ne mentis,
» qui ressuscitas saint Lazare de la mort   2385
» et sauvas Daniel des lions,
» sauve mon âme de tous les périls
» où m'ont mis les péchés que j'ai faits dans ma vie! »
Il offrit à Dieu son gant droit.
Saint Gabriel l'a pris de sa main.   2390
Il tenait la tête inclinée sur son bras;
il est allé à sa fin, les mains jointes.
Dieu envoya son ange Chérubin
et saint Michel du Péril;
saint Gabriel vint avec eux.   2395
Ils emportent l'âme du comte en paradis.

● **La mort du héros** - Était-il possible d'évoquer avec plus de sobre grandeur la fin du héros, tout empreinte de soumission et d'humilité chrétienne? Les dernières pensées de Roland vont à tout ce qui a donné un sens à sa vie : ses conquêtes, sa patrie, son lignage, son seigneur (mais non, le fait est à noter, sa fiancée la belle Aude), et surtout son Dieu, à qui il fait acte d'allégeance par le geste de l'hommage. Aussi le miracle de saint Gabriel prenant le gant n'a-t-il rien que de naturel et de quasi nécessaire, dans l'esprit de la croisade : il est la conclusion logique du martyre.

Deuxième partie

LA VENGEANCE DE CHARLEMAGNE

LE RETOUR DE L'EMPEREUR

1. « Regret » des morts

CLXXVII

Roland est mort; Dieu a son âme dans les cieux.
L'empereur parvient à Roncevaux.
Il n'y a voie ni sentier
ni terre libre ni aune ni pied de terrain   2400
où ne soit étendu un Français ou un païen.
Charles s'écrie : « Où êtes-vous, cher neveu?
» Où est l'archevêque, et le comte Olivier?
» Où est Gérin, et son compagnon Gérier?
» Où est Oton, et le comte Bérenger,   2405
» Ivon et Ivoire, que j'aimais tant?
» Qu'est devenu le Gascon Engelier,
» le duc Sanson, et Anseïs le baron?
» Où est Gérard de Roussillon le Vieux?
» Où sont les douze Pairs, que j'avais laissés? »   2410
Qui se soucie de cela, quand personne ne répond?
« Dieu, dit le roi, combien je puis me tourmenter
» de ne pas avoir été là au commencement de la bataille! »
Il tire sa barbe, en homme qui est affligé;
ses barons chevaliers pleurent;   2415
vingt mille d'entre eux se pâment contre terre;
le duc Naimes en a grande pitié.

CLXXVIII

Il n'y a aucun chevalier ni baron
qui ne pleure fort douloureusement de pitié;
ils pleurent leurs fils, leurs frères, leurs neveux   2420
et leurs amis et leurs seigneurs liges;
la plupart se pâment contre terre.
Le duc Naimes a agi en homme de sens,
qui tout le premier a dit à l'empereur :
« Regardez devant nous, à deux lieues,   2425
» vous pouvez voir les grands chemins poudreux :
» il y a grande quantité de la gent des païens.
» Chevauchez donc! Vengez cette douleur! »

2400. *Aune :* « coudée », mesure de longueur, d'un mot francique signifiant
« avant-bras ». — 2402. Le « regret » de Charlemagne cite les douze Pairs et
ajoute à leurs noms celui de l'archevêque Turpin. — 2421. *Seigneurs liges :*
« vassaux »; les *liges*, à l'origine, étaient des colons gallo-romains admis comme
hommes libres dans la société franque.

— Eh! Dieu, dit Charles, ils sont déjà si loin!
» Accordez-moi la justice et l'honneur;   2430
» ils m'ont enlevé la fleur de la douce France! »
Le roi commande Géboin et Oton,
Tedbald de Reims et le comte Milon :
« Gardez le champ de bataille, les vallées et les monts,
» laissez les morts étendus tout comme ils sont,   2435
» que n'y touche ni bête ni lion,
» que n'y touche ni écuyer ni garçon;
» je vous défends qu'aucun homme y touche,
» jusqu'à ce que Dieu veuille que nous revenions sur ce champ de
Et ceux-ci répondent doucement, avec amour :   [bataille.»
« Droit empereur, cher seigneur, ainsi ferons-nous. »
Ils gardent avec eux mille de leurs chevaliers.

2. Poursuite des païens

CLXXIX

L'empereur fait sonner ses clairons,
puis il chevauche avec sa grande armée, le baron.
Ils ont fait tourner le dos à ceux d'Espagne,   2445
ils entreprennent la poursuite, ils y participent tous.
Quand le roi voit le soir tomber,
il met pied à terre sur l'herbe verte, dans un pré,
il se couche sur le sol, il prie le Seigneur Dieu
qu'il fasse pour lui arrêter le soleil,   2450
retarder la nuit et demeurer le jour.
Voici que vient à lui un ange qui a coutume de lui parler;
celui-ci lui a aussitôt commandé :
« Charles, chevauche, car la clarté ne te manque pas.
» Tu as perdu la fleur de France, Dieu le sait,   2455
» tu peux te venger du peuple criminel. »
A ce mot, l'empereur est monté à cheval.

CLXXX

Pour Charlemagne, Dieu fit un grand miracle,
car le soleil est resté immobile.
Les païens s'enfuient, les Francs les poursuivent à fond.   2460

2436. *Ni bête ni lion* : d'après J. Bédier, ces mots désigneraient symboliquement Sathan ou les démons. — 2450. Le miracle du soleil arrêté est une adaptation épique du miracle que Dieu fit pour Josué poursuivant les Amoréens. Dieu se manifeste constamment auprès de son champion par des songes, par l'envoi d'un ange, par des miracles, pour le conseiller et le soutenir. Un auditoire du XIe ou du XIIe siècle ne s'étonnait nullement de ces interventions du surnaturel. Le miracle du soleil arrêté figure déjà dans des annales latines du milieu du Xe siècle : la légende a déjà contaminé la tradition annalistique.

Ils les atteignent dans le Val Ténébreux,
ils les poussent en frappant vers Saragosse,
ils les tuent à grands coups,
ils leur coupent les voies et les chemins les plus larges.
L'eau de l'Èbre se trouve devant eux :   2465
elle est fort profonde, impressionnante et rapide;
il n'y a ni barge, ni dromont, ni chaland.
Les païens invoquent un de leurs dieux, Tervagant,
puis ils sautent dans l'eau, mais ils n'ont aucun secours.
Les guerriers en armes sont les plus pesants,   2470
ils tombèrent au fond, pour la plupart;
les autres s'en vont flottant à la dérive;
les mieux préservés ont tant bu d'eau
que tous sont noyés, dans une effrayante angoisse.
Les Français s'écrient : « Quel malheur pour vous, Roland! »   2475

CLXXXI

Quand Charles voit que tous les païens sont morts,
certains tués et la plupart noyés,
et que ses chevaliers ont un très grand butin,
le noble roi a mis pied à terre,
il se couche sur le sol et remercie Dieu.   2480
Quand il se redresse, le soleil est couché.
L'empereur dit : « Il est temps de camper;
» il est trop tard pour revenir à Roncevaux.

2461. *Val Ténébreux* : lieu inconnu. — 2465. L'*Èbre* : fleuve du nord de l'Espagne, sur lequel est située Saragosse. — 2467. *Barge* : sorte de barque; *dromont* : vaisseau de course; *chaland* : vaisseau à fond plat.

● **Le sens profond de la Chanson** — « Roland est mort, mais victorieux et justifié : Dieu l'a accueilli dans son ciel avec les honneurs qu'il réserve à ses saints. Quel plus beau dénouement que celui-là? Sans doute reste-t-il à enterrer les glorieuses victimes du combat, à s'emparer de Saragosse désormais sans défense, à exécuter le traître déjà chargé de chaînes. Quelques laisses pouvaient suffire pour évoquer ces trois scènes et donner au poème l'épilogue attendu. Le poète ne s'est pas résigné à cette solution », P. Le Gentil (*La Chanson de Roland*, p. 111-112).

① Y a-t-il lieu de le lui reprocher? Autrement dit, faut-il penser que le long épisode de l'émir Baligant, qui va suivre, nuit à l'unité de l'œuvre et en fausse le sens?

» Nos chevaux sont las et à bout de forces.
» Enlevez-leur les selles, les freins qu'ils ont à la tête, 2485
» et laissez-les se rafraîchir par ces prés. »
Les Francs répondent : « Sire, vous dites bien. »

CLXXXII

L'empereur a établi son camp.
Les Français descendent de cheval sur la terre déserte,
ils ont enlevé les selles à leurs chevaux, 2490
ils retirent des têtes les freins dorés,
ils leur livrent les prés, où il y a beaucoup d'herbe fraîche.
Ils ne peuvent pas leur donner d'autres soins.
Qui est bien las s'endort à même la terre.
Cette nuit-là, on ne monte pas la garde. 2495

CLXXXIII

L'empereur s'est couché dans un pré.
Il met près de sa tête son grand épieu, le baron.
Cette nuit-là, il ne veut pas se désarmer,
il a revêtu son grand haubert safré,
lacé son heaume aux gemmes serties dans l'or, 2500
ceint Joyeuse, qui jamais n'eut sa pareille
et qui chaque jour change trente fois d'éclat.
Nous savons très bien parler de la lance
dont Notre Seigneur fut blessé sur la croix;
Charles en a la pointe, grâce à Dieu; 2505
il l'a fait enchâsser dans le pommeau d'or.
C'est à cause de cet honneur et de cette grâce
que le nom de Joyeuse fut donné à l'épée.
Les barons français ne doivent pas l'oublier :
c'est de là qu'ils ont l'enseigne de crier Monjoie, 2510
et c'est pourquoi aucun peuple ne peut leur résister.

CLXXXIV

La nuit est claire et la lune brillante.
Charles est couché, mais il a de la peine pour Roland
et il est plein d'affliction au sujet d'Olivier,
des douze Pairs et des Français. 2515
A Roncevaux, il a laissé des morts sanglants;
il ne peut se retenir d'en pleurer et de se lamenter
et il prie Dieu qu'il soit le garant de leurs âmes.
Le roi est las, car sa peine est grande.
Il est endormi, il n'en peut plus. 2520

2485. *Les freins* : les rênes. — 2499. *Safré* : cf. v. 1032. — 2508 et suiv. :
l'épée de Charlemagne, *Joyeuse*, tire son nom du fait qu'elle contient la pointe
de la Sainte Lance, dont Longis frappa le flanc du Christ et qui apporta aux
hommes la « joie » du salut. Le nom de *Monjoie*, cri de guerre de Charles, vient
de celui de Joyeuse (v. 2510) : voir p. 48, note 1181.

Par tous les prés, les Francs dorment.
Il n'y a pas un cheval qui puisse rester debout :
celui qui veut de l'herbe, il la broute couché.
Il a beaucoup appris, celui qui a bien connu la souffrance.

CLXXXV

Charles dort comme un homme tourmenté.   2525
Dieu lui a envoyé saint Gabriel :
il lui commande de garder l'empereur.
L'ange reste toute la nuit à son chevet.
Par une vision, il lui a annoncé
une bataille qui sera livrée contre lui :   2530
il lui en montre des signes très graves.
Charles regarde en haut, vers le ciel,
il voit les tonnerres, les vents et les gels,
les orages et les prodigieuses tempêtes;
les feux et les flammes sont préparés;   2535
soudainement, ils tombent sur toute son armée.
Les lances de frêne et de pommier prennent feu,
et les écus, jusqu'aux boucles d'or pur,
les hampes des épieux tranchants éclatent,
les hauberts et les heaumes d'acier se brisent.   2540
Charles voit ses chevaliers pleins de douleur.
Puis des ours et des léopards veulent les dévorer,
des serpents, des vipères, des dragons, des démons;
il y a des griffons, plus de trente mille;
il n'en est aucun qui ne se jette sur les Français.   2545

2524. L'évocation de l'épuisement de l'armée est saisissante dans son sobre réalisme et se termine par une belle sentence. — 2526. *Saint Gabriel* est le messager habituel de Dieu auprès de Charlemagne; cf. v. 2262. — 2538. *Boucles* : partie centrale, renflée, de l'écu, appelé pour cela *bouclier*. — 2544. *Griffons* : animaux fabuleux de la mythologie antique, monstres à corps de lion, à tête et à ailes d'aigle.

▪▪

● **Les songes de Charlemagne** — « [...] les songes qui visitent le sommeil de Charlemagne restent mystérieux : ils provoquent l'angoisse, mais ils ne définissent pas le danger; à plus forte raison ne permettent-ils pas de conjurer la catastrophe imminente » (P. Le Gentil, *la Chanson de Roland*, p. 147-148).

① Chercher, dans la suite du récit, comment ces songes mystérieux trouvent dans les événements leur explication, et quels sont les éléments de leur symbolisme (vers 2570-2844 et 2974-3624 pour le premier songe, vers 3734-4002 pour le second).

▪▪

Et les Français crient : « Charlemagne, à l'aide! »
Le roi en a douleur et pitié;
il veut y aller, mais il en est empêché :
un grand lion vient d'un bois sur lui,
il est terrible, orgueilleux et farouche;   2550
il attaque et recherche le roi lui-même :
ils se prennent tous deux à bras le corps pour lutter;
mais le roi ne sait lequel terrasse ni lequel tombe.
L'empereur ne s'est pas réveillé.

CLXXXVI

Après cette vision, une autre lui vient :   2555
il était à Aix, sur un perron,
avec deux chaînes, il tenait un ours.
Il voyait venir, du côté de l'Ardenne, trente ours,
dont chacun parle tout comme un homme.
Ils lui disaient : « Sire, rendez-le nous!   2560
» Il n'est pas juste qu'il reste plus longtemps avec vous.
» Nous devons secourir notre parent. »
De son palais, un vautre accourt :
parmi les autres, il attaque le plus grand
sur l'herbe verte, au-delà de ses compagnons.   2565
Là, le roi voit un merveilleux combat,
mais il ne sait lequel l'emporte et lequel non.
Voilà ce que l'ange de Dieu a montré au baron.
Charles dort jusqu'au lendemain, au jour clair.

CLXXXVII

Le roi Marsile s'enfuit à Saragosse.   2570
Il est descendu de cheval, à l'ombre sous un olivier.
Il rend à ses hommes son épée, son heaume et sa brogne;
il se couche sur l'herbe verte, misérablement;.
il a perdu toute la main droite;
du sang qui en sort, il s'évanouit et s'angoisse.   2575
Devant lui sa femme Bramimonde
pleure, crie, s'afflige grandement,
et avec elle, plus de vingt mille hommes.
Ils maudissent Charles et la douce France.
Ils courent vers Apollin dans une crypte,   2580
le querellent, l'injurient laidement :
« Eh! mauvais dieu, pourquoi nous fais-tu une telle honte?

2557. Au v. 1828, Charlemagne fait enchaîner Ganelon « comme un ours ». —
2563. *Vautre :* chien de chasse. — 2572. *Brogne :* même sens que haubert; cf.
v. 384 et la note de la page 28. — 2576. Bramimonde reprendra à son compte,
à la laisse CXCV, les blasphèmes lancés ici contre les dieux païens. Cf. note
du v. 2715. — 2580. *Apollin :* cf. v. 8.

» Pourquoi as-tu laissé écraser notre roi?
» Celui qui te sert bien, tu lui en donnes un mauvais salaire. »
Puis ils enlèvent son sceptre et sa couronne,   2585
ils le pendent par les mains sur une colonne,
le jettent à terre à leurs pieds,
le battent et le brisent avec de grands bâtons.
A Tervagan, ils arrachent son escarboucle
et ils jettent Mahomet dans un fossé,   2590
et porcs et chiens le mordent et le foulent.

CLXXXVIII

Marsile est revenu de son évanouissement,
il se fait porter dans sa chambre voûtée;
il y a là des peintures et des écritures de plusieurs couleurs.
La reine Bramimonde le pleure,   2595
elle s'arrache les cheveux, se clame infortunée,
et, changeant de propos, s'écrie à haute voix :
« Eh! Saragosse, comme tu es aujourd'hui démunie,
» perdant le noble roi qui t'avait en son pouvoir!
» Nos dieux ont fait une trahison,   2600
» eux qui ce matin l'ont abandonné dans la bataille.
» L'émir fera une lâcheté
» s'il ne se bat pas contre le peuple hardi
» de ceux qui sont si fiers qu'ils n'ont souci de leurs vies.
» L'empereur à la barbe fleurie   2605
» a de la vaillance et une bien grande témérité :
» s'il a la bataille, il ne s'enfuira pas.
» C'est une grande douleur qu'il n'y ait personne qui le tue. »

2589. *Escarboucle :* rubis. — 2602. *L'émir :* Baligant; cf. laisse suivante et commentaires, p. 86.

● **Le bris des idoles** — Il est fréquent dans les chansons de geste que les païens, après une défaite, renient leurs dieux en les injuriant et en brisant les idoles : la destruction des faux dieux — qui sont ceux du paganisme antique et nullement la divinité de l'Islam — est toujours la rançon de leur « recréantise » (cf. v. 2715) en tant que « garants » (protecteurs). On observera avec quelle verve et quel luxe de détails pittoresques le thème est traité ici.

● **Pour ou contre l'authenticité de l'épisode de l'émir Baligant**

Pour l'authenticité — Martin de Riquer écrit (*les Chansons de geste françaises*, p. 89) : « Sans l'épisode de Baligant, *la Chanson de Roland* conservée n'a pas de raison d'être. Sans l'épisode de Baligant, notre chanson serait un monstre artistique et une absurdité pour l'esprit féodal hiérarchisé des XIe et XIIe siècles. Imaginons que l'armée de Charlemagne, après la déroute de l'arrière-garde à Roncevaux, soit directement rentrée en France, et qu'on ait jugé et condamné Ganelon à Aix-la-Chapelle. La trahison aurait été châtiée, mais le désastre militaire n'aurait pas été vengé. Combien le rôle de l'empereur serait peu glorieux! Voici la fleur de ses chevaliers tuée par les Sarrasins sans une juste réplique; l'un de ses conseillers les plus familiers, traître à sa cause ! La *Chanson de Roland* serait l'épopée d'une déroute. »

« Charlemagne est un souverain féodal, dont Roland est le vassal. Ce dernier, avant de mourir, lui a demandé secours en faisant sonner son olifant, puisque l'un des droits du vassal était de solliciter la protection de son seigneur, et que ce dernier était dans l'obligation de la lui accorder. Marsile est un autre vassal : il est le vassal de l'émir Baligant, souverain de tous les Sarrasins, et sept ans auparavant, lorsque Charlemagne a envahi l'Espagne, le roitelet de Saragosse a demandé l'aide de l'émir de Babylone, son seigneur féodal. D'un autre côté, Marsile est celui qui a fait mourir Roland, et cet acte doit être vengé; mais Charlemagne, souverain, ne peut se venger sur un vassal, Marsile. Les deux seigneurs féodaux doivent obligatoirement s'affronter, celui que le poète nous présente comme souverain de tous les chrétiens, et celui qu'il nous présente comme souverain de tous les Sarrasins : Charlemagne et Baligant » (Martin de Riquer, *op. cit.* p. 90-91).

Contre l'authenticité — « Le début de l'épisode est très maladroit. Le drame de Roncevaux s'est terminé par la mort de Roland et la miraculeuse vengeance, due à l'arrêt du soleil (manuscrit d'Oxford, laisse 180); c'est alors seulement qu'on nomme pour la première fois un grand émir de Babylone, souverain de tous les païens (manuscrit d'Oxford, laisse 189). Le poème s'est développé aux trois quarts, ou peu s'en faut, sans faire la moindre allusion à cette grande seigneurie de Babylone; or on nous apprend à l'improviste que Marsile, au début des sept années de la guerre de conquête entreprise par Charles en Espagne, avait demandé secours à cet émir suprême; mais ce souverain de quarante royaumes n'avait donné aucun signe de vie jusqu'au terme des sept années, alors que l'Espagne tout entière se trouvait déjà au pouvoir de Charlemagne » (R. Menéndez Pidal, *op. cit.*, p. 123).

L'ÉPISODE DE BALIGANT

1. L'émir au secours de Marsile

CLXXXIX

L'empereur, par sa grande puissance,
est resté sept ans tout pleins en Espagne. 2610
Il y prend des châteaux et de nombreuses cités.
Le roi Marsile fait tous ses efforts.
La première année, il fit sceller ses brefs,
il a demandé Baligant à Babylone;
c'est l'émir, le vieillard chargé d'années, 2615
qui a vécu plus longtemps que Virgile et Homère.
Marsile mande au baron de venir le secourir à Saragosse,
et, s'il ne le fait pas, Marsile reniera ses dieux
et toutes les idoles qu'il a coutume d'adorer,
il recevra la sainte religion chrétienne, 2620
il voudra s'accorder avec Charlemagne.
L'émir est loin, il a longtemps tardé.
Il appelle ses peuples de quarante royaumes,
il fait apprêter ses grands dromonts,
des bateaux, des barques, des galies, des navires. 2625
Sous Alexandrie, il y a un port sur la mer;
il y a fait équiper toute sa flotte.
C'est en mai, au premier jour de l'été.
Il a lancé sur la mer toutes ses armées.

CXC

2630

Grandes sont les armées de ce peuple ennemi;
les païens cinglent avec force, rament et gouvernent.
Au sommet des mâts et sur les hautes proues,
il y a beaucoup d'escarboucles et de lanternes;
elles jettent en avant, d'en haut, une telle clarté
que dans la nuit la mer en est plus belle. 2635

2609-2610. L'épisode de l'émir Baligant commence à peu près dans les mêmes termes que la Chanson et que l'épisode capital de la désignation de Roland à l'arrière-garde (v. 703-705). Le récit revient en arrière, au temps même où commence la Chanson. Mais Baligant arrivera bien tard... — 2613. *Brefs* : lettres. — 2614. *Babylone* est le nom donné à la ville du Caire dans les chansons de geste. — 2616. *Virgile et Homère* sont parfois pris comme symboles de la longévité. — 2624. *Dromonts* : cf. v. 1564. — 2625. *Galies* : sortes de galères. — 2628. Cette indication de date est traditionnelle dans la chanson de geste. — 2630 et suiv. Le poète excelle à brosser, avec sobriété, des tableaux évocateurs comme celui-ci.

Et comme ils parviennent à la terre d'Espagne,
tout le pays en brille et s'en éclaire.
Les nouvelles en vont jusqu'à Marsile.

CXCI

La gent des païens ne veut jamais avoir de cesse.
Ils quittent la mer, viennent dans les eaux douces,   2640
laissent Marbrise et laissent Marbrose,
dirigent tous leurs navires vers l'amont par l'Èbre.
Il y a quantité de lanternes et d'escarboucles :
elles leur donnent toute la nuit une très grande clarté.
Ce jour-là, ils parviennent à Saragosse.   2645

CXCII

Le jour est clair et le soleil brillant.
L'émir est descendu de son bateau plat.
Espanelis est à sa droite quand il sort,
dix-sept rois vont à sa suite.
Il y a des comtes et des ducs, je ne sais combien.   2650
Sous un laurier qui se trouve au milieu d'un champ,
ils jettent une étoffe de soie blanche sur l'herbe verte;
ils y installent un fauteuil d'ivoire.
Le païen Baligant s'y assied;
tous les autres sont restés debout.   2655
Leur seigneur parle le premier :
« Écoutez maintenant, francs chevaliers vaillants!
» Le roi Charles, l'empereur des Francs,
» ne doit pas manger, si je ne le lui commande.
» Par toute l'Espagne, il a mené contre moi une grande guerre :   2660
» je veux aller le défier en douce France.
» Je n'aurai de cesse, pendant toute ma vie,
» qu'il ne soit mort ou ne s'avoue vaincu. »
Il en frappe son gant droit sur son genou.

CXCIII

Quand il l'a dit, il a manifesté fermement   2665
qu'il ne laissera pour tout l'or qu'il y a sous le ciel
qu'il n'aille à Aix, où Charles tient sa cour de justice.
Ses hommes l'y engagent, ils lui en donnent le conseil.
Après il appelle deux de ses chevaliers,
l'un Clarifan, l'autre Clarien :   2670
« Vous êtes fils du roi Maltraien,

2641. *Marbrise* et *Marbrose* : noms de fantaisie pour des villes situées à l'embouchure de l'Èbre. — 2648. *Espanelis* n'est pas mentionné ailleurs. — 2670-2671. *Clarifan* et *Clarien* forment un couple épique du type Basan-Basile, Gérin-Gérier, etc. Ils n'apparaissent pas ailleurs, non plus que leur père, le roi Maltraien.

» qui avait coutume de porter volontiers des messages.
» Je vous commande d'aller à Saragosse.
» Annoncez de ma part à Marsile
» que je suis venu l'aider contre les Français.   2675
» Si je trouve l'occasion, il y aura une grande bataille.
» Donnez-lui donc ce gant garni d'or,
» faites-le-lui mettre au poing droit;
» portez-lui aussi ce bâtonnet d'or pur,
» et qu'il vienne à moi pour reconnaître son fief.   2680
» J'irai en France pour guerroyer Charles.
» S'il ne se couche pas à mes pieds, à ma merci,
» et ne renie pas la religion des chrétiens,
» je lui enlèverai la couronne de la tête. »
Les païens répondent : « Sire, vous dites fort bien. »   2685

CXCIV

Baligant dit : « Chevauchez, barons!
» Que l'un porte le gant et l'autre le bâton! »
Et ceux-ci répondent : « Cher seigneur, nous le ferons. »
Ils ont tant chevauché qu'ils sont à Saragosse.
Ils passent dix portes, franchissent quatre ponts   2690
et toutes les rues où se tiennent les bourgeois.
Comme ils approchent, au haut de la cité,
ils entendent du côté du palais une grande rumeur :
il y a beaucoup de gens de ce peuple des païens
qui pleurent et crient, manifestent une grande douleur,   2695
plaignent leurs dieux, Tervagan, Mahomet
et Apollin, qu'ils n'ont plus.
Chacun dit à l'autre : « Malheureux, que deviendrons-nous?
» Un bien grand fléau s'est abattu sur nous.
» Nous avons perdu le roi Marsile;   2700
» le comte Roland lui trancha hier le poing droit;
» nous n'avons plus Jurfaleu le Blond;
» aujourd'hui toute l'Espagne sera à leur merci. »
Les deux messagers mettent pied à terre au perron.

CXCV

Ils laissent leurs chevaux sous un olivier.   2705
Deux Sarrasins les prirent par les rênes,
et les messagers se tenaient par leurs manteaux,
puis ils sont montés jusqu'au très haut palais.
Quand ils entrèrent dans la chambre voûtée,
ils firent, par amitié, un salut malencontreux :   2710

2677-2678. Comme chez les chrétiens (cf. v. 247), le *gant* et le *bâtonnet* sont ici les symboles de l'autorité du suzerain : voir p. 23, note 247. — 2680. *Reconnaître son fief* : rendre hommage, faire acte d'allégeance. — 2696-2697. *Tervagan, Mahomet, Apollin* : cf. v. 8. — 2702. *Jurfaleu* : cf. v. 504 (*Jurfaret*) et 1904.

« Que Mahomet qui nous tient en son pouvoir
» et Tervagan et Apollin, notre seigneur,
» sauvent le roi et préservent la reine! »
Bramimonde dit : « J'entends de bien grandes folies!
» Ces dieux, les nôtres, ils sont réduits à merci.   2715
» A Roncevaux, ils ont fait de piètres miracles :
» ils ont laissé tuer nos chevaliers;
» ils ont abandonné dans la bataille mon seigneur que voici;
» il a perdu le poing droit, il n'en a plus,
» car le comte Roland, le puissant, le lui trancha.   2720
» Charles aura toute l'Espagne en son pouvoir.
» Que deviendrai-je, malheureuse, infortunée?
» Eh! pauvre de moi, de n'avoir pas un homme qui me tue! »

CXCVI

Clarien dit : « Dame, ne parlez pas tant!
» Nous sommes les messagers du païen Baligant.   2725
» Il sera, dit-il, le garant de Marsile;
» c'est ainsi qu'il lui envoie son bâton et son gant.
» Sur l'Èbre, nous avons quatre mille chalands,
» des vaisseaux, des barges, des galées rapides;
» il y a des dromonts, je ne sais vous dire combien.   2730
» L'émir est fort et puissant,
» il ira en France défier Charlemagne,
» il pense le tuer ou le réduire à merci. »
Bramimonde dit : « Il aura tort d'aller si loin.
» Vous pourrez trouver les Francs plus près d'ici.   2735
» L'empereur est déjà resté sept ans sur cette terre :
» il est valeureux et combatif;
» il préfère mourir plutôt que de fuir sur le champ de bataille.
» Il n'y a sous le ciel de roi qu'il ne tienne pour un enfant.
» Charles ne craint aucun homme vivant. »   2740

CXCVII

« Laissez cela », dit le roi Marsile.
Il dit aux messagers : « Seigneurs, parlez-moi!
» Vous voyez que je suis angoissé par la mort;
» je n'ai ni fils, ni fille, ni héritier :
» j'en avais un, il fut tué hier soir.   2745
» Dites à mon seigneur qu'il vienne me voir.
» L'émir a droit sur l'Espagne :
» je la lui rends en franchise, s'il veut la tenir,
» et qu'ensuite il la défende contre les Français.
» A l'égard de Charlemagne, je lui donnerai un bon conseil :   2750

2715. C'est l'idée importante de la « recréantise » (aveu de défaite, abandon de la lutte) des dieux païens. La défaite des païens à Roncevaux est celle de leurs dieux, qui n'ont pu les sauver parce qu'ils sont de faux dieux. Les blasphèmes de Bramimonde préparent sa conversion.

» il l'aura vaincu d'aujourd'hui en un mois.
» Vous lui porterez les clés de Saragosse.
» Puis dites-lui qu'il ne s'en ira pas, s'il me croit. »
Ceux-ci répondent : « Sire, vous dites vrai. »

CXCVIII

Marsile dit : « Charles l'empereur   2755
» m'a tué mes hommes, ravagé ma terre,
» forcé et violé mes cités.
» Il a couché cette nuit sur les bords de l'Èbre :
» j'ai bien compté, il n'y a, d'ici, que sept lieues.
» Dites à l'émir qu'il y mène son armée,   2760
» je lui demande par vous que bataille soit livrée. »
Il lui a remis les clés de Saragosse.
Les deux messagers s'inclinèrent devant lui,
ils prirent congé et là-dessus s'en allèrent.

CXCIX

Les deux messagers sont montés à cheval.   2765
Ils sortent rapidement de la cité,
ils vont vers l'émir, remplis d'effroi,
ils lui présentent les clés de Saragosse.
Baligant dit : « Qu'avez-vous trouvé?
» Où est Marsile, que j'avais mandé? »   2770
Clarien dit : « Il est blessé à mort.
» L'empereur était hier au passage des ports,
» il voulait retourner en douce France.
» Il fit fermer sa marche par l'honneur de son armée :
» Le comte Roland y était resté, son neveu,   2775
» et Olivier, et tous les douze Pairs,
» et vingt mille chevaliers parmi ceux de France.
» Le roi Marsile se battit contre eux, le vaillant.
» Lui et Roland restèrent face à face sur le champ de bataille :

■■

- **Les messages** — « Les messages répétés sont fréquents dans l'épopée de différents peuples », écrit J. Rychner (*la Chanson de geste*, p. 60). Ils ont souvent un caractère utilitaire, dans un genre littéraire de transmission orale, dont le public est mouvant : ils permettent d'insérer dans la narration « un rappel de situation générale, utile aux auditeurs nouveaux ou distraits. C'est tout naturellement par un message que Baligant apprend ce qui s'est passé à Roncevaux; mais ce message rappelle aussi aux auditeurs de l'épisode *Baligant* ce qu'il est nécessaire qu'ils sachent, la situation telle qu'elle se présente à l'arrivée en Espagne de l'émir de Babylone ».

■■

» Roland lui donna un tel coup de Durendal 2780
» qu'il lui a séparé du corps le poing droit.
» Il lui a tué son fils, qu'il aimait tant,
» et les barons qu'il avait amenés.
» Il est revenu en fuyant, car il ne pouvait plus tenir.
» L'empereur l'a poursuivi âprement. 2785
» Le roi vous demande de le secourir.
» Il vous rend en franchise le royaume d'Espagne. »
Et Baligant commence à réfléchir;
il a tant de douleur que peu s'en faut qu'il ne soit fou.

CC

« Sire émir, dit Clarien, 2790
» il y eut hier une bataille à Roncevaux.
» Roland est mort, et le comte Olivier,
» et les douze Pairs qui étaient si chers à Charles;
» parmi leurs Français, il y a vingt mille morts.
» Le roi Marsile y a perdu le poing droit 2795
» et l'empereur l'a âprement poursuivi.
» Sur cette terre il n'est pas resté un seul chevalier
» qui ne soit tué ou noyé dans l'Èbre.
» Les Français sont campés sur la rive;
» ils se sont tant approchés de nous dans ce pays 2800
» que, si vous le voulez, la retraite leur sera difficile. »
Et Baligant en a le regard farouche,
dans son cœur il en est joyeux et content.
Il se lève de son trône, tout droit,
puis s'écrie : « Barons, ne tardez pas! 2805
» Sortez des nefs, en selle! et chevauchez!
» Si Charlemagne le vieux ne s'enfuit pas sur-le-champ,
» le roi Marsile sera vengé dès aujourd'hui :
» pour son poing droit, je lui livrerai la tête de Charles. »

CCI

Les païens d'Arabie sont sortis des navires, 2810
puis ils sont montés sur les chevaux et les mulets
et ont commencé à chevaucher : que feraient-ils d'autre?
L'émir, qui les a tous mis en route,

2803. On notera comment les deux laisses parallèles CXCIX et CC ont des conclusions opposées : accablement de Baligant dans la première, son allégresse dans la seconde, quand il entrevoit l'espoir de la vengeance. Il y a beaucoup d'habileté dans ce contraste. — 2814. *Gémalfin* n'est pas mentionné ailleurs.

appelle Gémalfin, l'un de ses compagnons :
« Je te confie le commandement de toutes mes armées » (?).   2815
Puis il est monté sur l'un de ses destriers bruns;
il emmène avec lui quatre ducs.
Il chevauche tant qu'il est à Saragosse.
Il a mis pied à terre sur un perron de marbre
et quatre comtes lui ont tenu l'étrier.   2820
Il monte au palais par les degrés
et Bramimonde vient en courant à sa rencontre
et lui dit : « Hélas, quel malheur de moi!
» Dans quelle honte, sire, j'ai perdu mon seigneur! »
Elle lui tombe aux pieds, l'émir la relève.   2825
Ils montent dans la chambre, pleins de douleur.

CCII

Quand il voit Baligant, le roi Marsile
appelle deux Sarrasins d'Espagne :
« Prenez-moi dans vos bras, et redressez-moi pour m'asseoir. »
Il a pris un de ses gants de son poing gauche.   2830
Marsile dit : « Sire roi, émir, ...
» ... toutes les terres ici,
» et Saragosse et le domaine qui en dépend.
» Je me suis perdu et j'ai perdu tout mon peuple. »
Et celui-ci répond : « J'en éprouve combien plus de douleur!   2835
» Je ne puis tenir une longue conférence avec vous.
» Je sais très bien que Charles ne m'attend pas,
» et cependant, je reçois de vous le gant. »
De la douleur qu'il éprouve, il est parti en pleurant.
Il descend du palais par les degrés,   2840
il monte à cheval, il vient en éperonnant vers ses gens.
Il chevauche tant qu'il est le premier, devant les autres;
de temps à autre, il s'écrie :
« Venez, païens, car déjà ils s'enfuient à force d'éperons. »

2815. La fin du vers est altérée et le sens n'est pas assuré. — 2819. Des *perrons* sont disposés à l'entrée des châteaux pour permettre aux chevaliers de monter en selle et de descendre de cheval : voir p. 75, note 2268. — 2832. Dans le manuscrit, la fin du vers est grattée et surchargée de mots inintelligibles. — 2837. L'auteur insiste sur la rapidité de la visite : c'est que Baligant espère attaquer Charles par surprise.

● **La visite de Baligant à Marsile**

① Quel sens revêt la visite de Baligant à Marsile?

② Pourquoi Marsile présente-t-il son gant à l'émir de Babylone, et à quoi celui-ci s'engage-t-il en l'acceptant?

2. Honneurs rendus aux morts à Roncevaux

CCIII

Au matin, dès que l'aube paraît,   2845
l'empereur Charles est réveillé.
Saint Gabriel, qui le garde de par Dieu,
lève la main, fait sur lui son signe.
Le roi déceint ses armes et les dépose,
et de même, par toute l'armée, les autres se désarment.   2850
Puis ils se sont mis en selle et chevauchent à grande allure
par les longues routes et les larges chemins,
ils vont voir le prodigieux désastre
à Roncevaux, là où eut lieu la bataille.

CCIV

Charles est parvenu à Roncevaux.   2855
Il commence à pleurer pour les morts qu'il trouve.
Il dit aux Français : « Seigneurs, allez au pas,
» car je dois moi-même aller en avant
» pour mon neveu que je voudrais trouver.
» J'étais à Aix, lors d'une fête solennelle,   2860
» mes vaillants chevaliers se vantèrent
» de grandes batailles, de fortes mêlées générales.
» J'ai entendu Roland tenir un propos :
» jamais il ne mourrait en un royaume étranger
» qu'il ne précédât ses hommes et ses pairs,   2865
» il aurait la tête tournée vers le pays ennemi;
» c'est en conquérant qu'ainsi le baron trouverait sa fin. »
Plus loin qu'on ne peut jeter un bâton,
Charles est monté devant les autres sur une hauteur.

CCV

Tandis que l'empereur va chercher son neveu,   2870
il trouva sur le pré les fleurs de tant d'herbes
qui étaient vermeilles du sang de nos barons!
Il en a pitié, il ne peut se retenir de pleurer.

2847. Saint Gabriel fait une bénédiction sur Charles après être resté toute
la nuit à son chevet et lui avoir envoyé deux visions, cf. v. 2525-2569. — 2849.
Charlemagne avait dormi tout armé; cf. v. 2498. — 2860. L'une des quatre
grandes fêtes de l'année liturgique : Noël, Pâques. la Pentecôte, la Toussaint.

● **La face tournée vers l'ennemi** - Nous savons — cf. v. 2360-2363,
2367 et 2376 — que Roland est bien mort ainsi.
① Quelle valeur prend ici le rappel du vœu de Roland?

Charles est parvenu sous deux arbres.
Il reconnut les coups de Roland sur trois perrons;   2875
il voit son neveu étendu sur l'herbe verte.
Il n'est pas étonnant que Charles en éprouve de la douleur.
Il met pied à terre, il y est allé en courant.
[Il l'a pris] entre ses mains.
Il s'évanouit sur lui, tant il est étreint par l'angoisse.   2880

CCVI

L'empereur revient de son évanouissement.
Le duc Naimes et le comte Acelin,
Geoffroi d'Anjou et son frère Henri
prennent le roi, le redressent sous un pin.
Il regarde à terre, il voit son neveu étendu.   2885
Il se met si doucement à lui dire adieu :
« Ami Roland, que Dieu ait pitié de toi!
» Jamais aucun homme ne vit un tel chevalier
» pour livrer et achever de grandes batailles.
» Mon honneur est tourné en déclin. »   2890
Charles s'évanouit, il ne peut s'en retenir.

CCVII

Le roi Charles revient de son évanouissement.
Quatre de ses barons le tiennent par les mains.
Il regarde à terre, il voit son neveu étendu.
Il a le corps robuste, mais il a perdu sa couleur;   2895
il a les yeux retournés, pleins de ténèbres.
Charles le plaint avec foi et amour.
« Ami Roland, que Dieu mette ton âme parmi les fleurs,
» en paradis, avec les glorieux!   2900
» Comme tu es venu en Espagne avec un mauvais seigneur! (?)
» Il n'y aura jamais de jour que je n'aie douleur à cause de toi.
» Comme ma force et mon ardeur vont déchoir!
» Je n'aurai plus personne qui soutienne mon honneur;
» je ne pense pas avoir un seul ami sous le ciel.
» Si j'ai des parents, il n'y en a aucun aussi vaillant. »   2905
Il s'arrache les cheveux à pleines mains.
Cent mille Francs en ont si grande douleur
qu'il n'en est aucun qui ne pleure très amèrement.

CCVIII

« Ami Roland, je m'en irai en France.
» Quand je serai à Laon, dans mon domaine,   2910
» les vassaux étrangers viendront de bien des royaumes,

2875. Cf. v. 2300-2354. — 2883. *Henri :* texte du manuscrit; il faut sans doute
corriger en Thierry. Thierry, frère de Geoffroi d'Anjou, sera le champion de
Charlemagne contre Pinabel, dans le duel judiciaire qui décidera du sort de
Ganelon; cf. v. 3815-3946. — 2886. Le « regret » de Roland, qui commence ici,
est l'un des plus beaux passages de la Chanson. — 2900. Le sens n'est pas assuré.

» ils demanderont : Où est le comte capitaine?
» Je leur dirai qu'il est mort en Espagne.
» Désormais je gouvernerai mon royaume dans une grande affliction;
» il n'y aura jamais de jour que je ne pleure ni ne m'en plaigne. »   2915

CCIX

« Ami Roland, vaillant, belle jeunesse,
» Quand je serai à Aix, dans ma chapelle,
» les hommes viendront, ils demanderont des nouvelles.
» Je les leur dirai, prodigieuses et terribles :
« Il est mort, mon neveu, qui me fit faire tant de conquêtes. »   2920
» Contre moi se rebelleront les Saxons,
» les Hongrois, les Bulgares et tant de peuples ennemis,
» les Romains, ceux de la Pouille et tous ceux de Palerme
» et ceux d'Afrique et ceux de Califerne,
» puis commenceront mes peines et mes privations.   2925
» Qui guidera mes armées avec tant de puissance,
» quand est mort celui qui toujours nous conduit?
» Eh! France, comme tu demeures déserte!
» J'ai tant de douleur que je voudrais ne pas être. »
Il commence à arracher sa barbe blanche,   2930
et, à deux mains, les cheveux de sa tête.
Cent mille Francs s'en évanouissent à terre.

CCX

« Ami Roland, que Dieu ait pitié de toi!
» Que ton âme soit mise en paradis!
» Celui qui t'a tué a mis la France en détresse.   2935

2924. *Califerne :* contrée sarrasine non identifiée.

- **L'architecture des ensembles** — « Il faudrait suivre également la montée de la douleur de Charlemagne, lorsqu'il découvre le corps de Roland, dans les six laisses 204-209 [ici, les laisses CCV-CCX]. La première laisse est de préparation : Charles aperçoit le corps de Roland, l'étreint et se pâme. Le motif des regrets n'y apparaît pas encore, mais on pourrait presque dire qu'il est au degré zéro. Les regrets apparaissent à la deuxième laisse, dont ils occupent quatre vers, à la troisième, avec huit vers, remplissent la quatrième et la cinquième, culminent à la sixième dans le souhait de Charlemagne de mourir, pour que son âme rejoigne celle des compagnons de sa mesnie. [...]. La belle architecture des ensembles envisagés repose tout entière sur la fermeté de la laisse » (J. Rychner, *la Chanson de geste*, p. 99-100).

» J'ai tant de douleur que je ne voudrais pas vivre,
» à cause de ma maison, qui est massacrée pour moi!
» Que Dieu, le fils de sainte Marie, m'accorde,
» avant que je ne parvienne aux grands ports de Cize,
» qu'aujourd'hui mon âme soit séparée de mon corps, 2940
» et soit placée et mise parmi les leurs,
» et que ma chair soit enfouie à côté d'eux! »
Il pleure de ses yeux, tire sa barbe blanche.
Et le duc Naimes dit : « Charles a bien de l'affliction! »

CCXI

« Sire empereur, dit Geoffroi d'Anjou, 2945
» ne manifestez pas si fort cette douleur!
» Faites chercher les nôtres par tout le champ,
» que ceux d'Espagne ont tués dans la bataille.
» Commandez qu'on les porte dans une fosse. » 2950
Le roi dit : « Sonnez votre cor pour cela! »

CCXII

Geoffroi d'Anjou a sonné son cor.
Les Français descendent de cheval, Charles l'a commandé.
Tous leurs amis qu'ils ont trouvés morts,
ils les ont aussitôt portés vers une fosse.
Il y a dans l'armée bon nombre d'évêques et d'abbés, 2955
de moines, de chanoines, de prêtres tonsurés;
ils les ont absous et bénis de par Dieu.
Ils ont fait allumer de la myrrhe et de la thimiane,
ils les ont tous encensés avec zèle,
puis ils les ont enterrés à grand honneur 2960
et ils les ont laissés : que feraient-ils d'autre pour eux?

CCXIII

L'empereur fait apprêter les corps de Roland,
d'Olivier et de l'archevêque Turpin.
Il les a fait ouvrir tous trois devant lui
et a fait recueillir leurs cœurs dans une étoffe de soie; 2965
ceux-ci sont mis dans un blanc cercueil de marbre.
Puis ils ont pris les corps des barons,
ils ont mis les seigneurs dans des peaux de cerf.
Ils sont bien lavés d'aromates et de vin.
Le roi commande à Tedbald, à Géboin, 2970
au comte Milon et au marquis Oton :

2939. Les *ports de Cize* : cf. v. 583. — 2958. *Myrrhe, thimiane* : variétés d'encens.
— 2970. L'ordre du roi restera en suspens : il ne sera plus parlé des trois charrettes dans la suite du récit. Les corps seront déposés à Blaye; cf. v. 3689-3694.

« Emmenez-les sur trois charrettes ... »
Ils sont bien couverts d'un drap de soie de Galaza.

3. Préparatifs de bataille

CCXIV

L'empereur Charles veut s'en revenir,
quand les avant-gardes des païens surgissent devant lui.   2975
Deux messagers, parmi ceux qui sont en tête, viennent à lui,
ils lui annoncent la bataille de la part de l'émir :
« Roi orgueilleux, il n'est pas question que tu t'en ailles!
» Vois Baligant qui chevauche derrière toi.
» Grandes sont les armées qu'il amène d'Arabie.   2980
» Nous verrons aujourd'hui si tu as de la vaillance.
Le roi Charles a pris sa barbe dans sa main,
il lui souvient de sa douleur et de la perte qu'il a subie,
il regarde bien fièrement toute son armée   2985
puis s'écrie de sa voix forte et haute :
« Barons français, à cheval et aux armes! »

CCXV

L'empereur s'équipe tout le premier.
En hâte, il a revêtu sa brogne,
lacé son heaume, ceint Joyeuse
qui ne perd pas son éclat même devant le soleil.   2990
Il pend à son cou un écu de Biterne,
il tient son épieu, il en brandit la hampe,
puis il monte sur Tencendor, son bon cheval
— il l'avait conquis aux gués sous Marsonne
et en avait jeté bas, mort, Malpalin de Narbonne —,   2995
il lâche la rêne, éperonne à maintes reprises
et s'élance à fond aux yeux de cent mille hommes.
Il invoque Dieu et l'apôtre de Rome.

CCXVI

Par tout le champ, ceux de France descendent de cheval,
plus de cent mille s'arment tous ensemble.   3000
Ils ont des équipements qui leur conviennent bien,
des chevaux rapides, et leurs armes sont fort belles.
Puis ils sont montés en selle, et y montrent beaucoup de savoir-faire.

2972. La fin du vers comporte une lacune dans le manuscrit. — 2973. *Galaza*, en Cilicie (Asie mineure), ou peut-être aussi *Galata*, faubourg de Constantinople. — 2991. *Biterne :* probablement Viterbe, mais le texte paraît altéré. — 2994. *Marsonne :* lieu inconnu. — 2995. *Malpalin de Narbonne* n'est pas mentionné ailleurs. — 2998. *L'apôtre de Rome :* le pape, successeur de saint Pierre.

S'ils trouvent l'occasion, ils pensent accepter la bataille.
Les gonfanons leur pendent sur les heaumes. 3005
Quand Charles voit leur si belle allure,
il appelle Jozeran de Provence,
le duc Naimes, Antelme de Mayence :
« On doit bien avoir confiance en de tels vassaux!
» Il est bien fou celui qui, au milieu d'eux, s'alarme. 3010
» Si les Arabes ne se repentent pas de venir,
» je compte leur faire payer cher la mort de Roland. »
Le duc Naimes répond : « Que Dieu nous l'accorde! »

CCXVII

Charles appelle Rabel et Guinemant.
Le roi dit : « Seigneurs, je vous le commande, 3015
» soyez aux postes d'Olivier et de Roland;
» que l'un porte l'épée et l'autre l'olifant,
» et chevauchez tout devant, en tête,
» et avec vous quinze mille Francs,
» des jeunes hommes, parmi nos plus vaillants. 3020
» Après ceux-ci, il y en aura autant,
» Giboin et Lorant les guideront. »
Le duc Naimes et le comte Jozeran
disposent bien en rangs ces corps de bataille.
S'ils trouvent l'occasion, il y aura un grand combat. 3025

CCXVIII

Les deux premiers corps sont faits de Français.
Après ces deux-là, on établit le troisième;
dans celui-ci sont les vassaux de Bavière;
on l'a estimé à vingt mille chevaliers.
Jamais, de leur part, la bataille ne sera abandonnée. 3030
Sous le ciel, il n'y a pas de peuple que Charles aime mieux,
excepté ceux de France, qui conquièrent les royaumes.
Le comte Ogier le Danois, le guerrier,
les guidera, car la troupe est fière.

[*Dix corps de bataille sont ainsi constitués.*]

3007-3008. L'épisode de l'émir Baligant mentionne des compagnons de Charlemagne qui ne sont pas cités dans la première partie de la Chanson. Si *le duc Naimes* est présent dès le début, *Jozeran de Provence, Antelme de Mayence* sont des nouveaux venus. C'est peut-être un indice de l'interpolation tardive de l'épisode de Baligant. — 3014. De même, *Rabel* et *Guinemant* apparaissent pour la première fois ici. — 3022. *Giboin* et *Lorant* ne sont pas mentionnés précédemment. — 3033. *Ogier* est présent dans la première partie de la Chanson (cf. note du v. 170), mais le plus souvent sous le nom d'Ogier de Danemark et non sous celui d'*Ogier le Danois*.

CCXXVI

L'empereur descend de son cheval;
il s'est couché sur l'herbe verte, la face contre terre,
il a tourné son visage vers le soleil levant;
il invoque Dieu, du fond de son cœur :
« Vrai Père, défends-moi aujourd'hui,   3100
» toi qui, en vérité, sauvas Jonas
» de la baleine qui l'avait en son corps,
» qui épargnas le roi de Ninive,
» qui préservas Daniel du prodigieux supplice
» dans la fosse aux lions où il était,   3105
» et les trois enfants dans un feu ardent!
» Que ton amour me soit présent aujourd'hui!
» Par ta grâce, s'il te plaît, accorde-moi
» que je puisse venger Roland mon neveu! »
Quand il a prié, il se dresse debout,   3110
signe sa tête du puissant symbole de la Croix.
Le roi monte sur son cheval rapide;
Naimes et Jozeran lui tenaient l'étrier.
Il prend son écu et son épieu tranchant.
Il a le corps noble, robuste et de belle allure,   3115
le visage clair et plein d'assurance.
Puis il chevauche résolument.
Les clairons sonnent à l'arrière et à l'avant;
plus haut que tous les autres bondit le son de l'olifant.
Les Français pleurent par pitié de Roland.   3120

CCXXVII

L'empereur chevauche très noblement.
Il a mis sa barbe dehors, sur sa brogne.
Par amour pour lui, les autres font de même :
cent mille Français sont ainsi reconnaissables.
Ils passent les monts et les plus hautes roches,   3125
les gouffres, les défilés angoissants,
ils sortent des ports et de la terre déserte,
ils sont allés dans la marche, vers l'Espagne,
et ont établi leur camp dans une plaine.

3100-3109. Charlemagne prie Dieu à peu près dans les mêmes termes que Roland à l'heure de sa mort (cf. v. 2385-2386); les allusions à la Bible sont fréquentes dans les chansons de geste. L'histoire de Jonas est bien connue; le roi de Ninive est épargné par Dieu parce qu'il s'est soumis à sa volonté (*Jonas*, II et III); Daniel a été préservé dans la fosse aux lions (*Daniel*, VI); les *trois enfants* (*Daniel*, III) sont trois juifs, intendants de Babylone, que Nabuchodonosor fit jeter dans un bûcher et qui, protégés par Dieu, en sortirent indemnes. — 3122. Geste de défi; cf. v. 1843. — 3125. La description d'un paysage tourmenté ne correspond guère à la plaine de Roncevaux, où Charlemagne a rendu aux morts les honneurs funèbres; cf. v. 2871.

Les avant-gardes des païens reviennent vers Baligant.   3130
Voici un Syrien qui lui a transmis son message :
« Nous avons vu l'orgueilleux roi Charles,
» ses hommes sont fiers, ils n'ont pas envie de lui faire défaut.
» Armez-vous, vous aurez aussitôt la bataille. »
Baligant dit : « Voici que j'entends l'annonce d'une belle vaillance.
» Sonnez vos clairons, que mes païens le sachent! »

CCXXVIII

Par toute l'armée, ils font résonner clair leurs tambours,
les trompettes et les clairons;
les païens mettent pied à terre pour s'armer.
L'émir ne veut pas tarder,   3140
il vêt une brogne dont les pans sont safrés,
il lace son heaume qui est orné de gemmes serties dans l'or,
puis il ceint son épée à son côté gauche.
En son orgueil, il lui a trouvé un nom :
d'après celle de Charles dont il a entendu parler,   3145
[il la nomme Précieuse] ...
et ce nom était son enseigne sur le champ de bataille :
il en fait pousser le cri à ses chevaliers.
Il pend à son cou un grand écu large qu'il a :
la boucle en est d'or et il est bordé de cristal;   3150
le cordon en est fait d'une bonne étoffe de soie ornée de cercles.
Il tient son épieu; il l'appelle Maltet;
la hampe en est grosse comme une massue;
du fer seul, un mulet aurait sa charge.
Baligant est monté sur son destrier;   3155
Marcule d'outremer lui tient l'étrier.
Le baron a l'enfourchure très grande,
les hanches étroites, les côtés larges,
la poitrine vaste et bien moulée,
les épaules amples et le teint bien clair,   3160
le visage farouche, la tête bouclée,
aussi blanche que fleur en été;
pour sa vaillance, il est depuis longtemps éprouvé.
Dieu! quel baron, s'il avait la foi chrétienne!
Il éperonne le cheval; le sang en sort tout clair,   3165
il s'élance, il saute un fossé
où l'on peut mesurer cinquante pieds.
Les païens s'écrient : « Celui-ci doit bien protéger les marches!
» Il n'y a pas un Français, s'il vient joûter avec lui,

3131. *Un Syrien :* cf. v. 3191. — 3141. *Safrés :* cf. v. 1032. — 3146. Il manque
un ou plusieurs vers disant que son épée s'appelle Précieuse et que *Précieuse*
est son cri d'armes. — 3150. *La boucle* (latin *buccula*, « joue ») : partie centrale,
renflée, parfois ornée d'une pierre précieuse, de l' « écu bouclier ». — 3151. *Cercles :*
les étoffes précieuses étaient ornées de dessins en forme de roues ou de sceaux.
— 3164. Le portrait de Baligant a une ampleur particulière, comme il sied pour
l'adversaire de Charlemagne; le regret qui le termine est un bel éloge.

» qui, bon gré mal gré, n'y perde la vie. 3170
» Charles est fou de ne pas s'en être allé. »

CCXXIX

L'émir ressemble bien à un baron.
Il a la barbe blanche comme une fleur;
il est très versé dans sa religion,
et, dans la bataille, il est farouche et audacieux. 3175
Son fils Malpramis est très vaillant chevalier;
il est grand et fort, et ressemble à ses ancêtres.
Il dit à son père : « Sire, chevauchons donc!
» Je me demande si jamais nous verrons Charles. »
Baligant dit : « Oui, car il est très preux. 3180
» Dans plusieurs récits on lui rend grand honneur.
» Mais il n'a plus son neveu Roland :
» il n'aura pas la puissance de tenir contre nous. »

CCXXX

« Beau fils Malpramis, dit Baligant,
» avant-hier soir, le bon vassal Roland a été tué, 3185
» et Olivier, le preux et le vaillant,
» les douze Pairs, que Charles aimait tant,
» et vingt mille combattants parmi ceux de France.
» Tous les autres, je ne les prise pas la valeur d'un gant.
» L'empereur revient, à coup sûr, 3190
» mon messager le Syrien me l'a annoncé,
» dix corps de bataille arrivent (?), très grands.
» Celui qui sonne l'olifant est très brave;
» son compagnon lui répond avec un clairon,
» et ils chevauchent tous deux en tête, 3195
» et avec eux, quinze mille Francs,
» des jeunes gens que Charles appelle ses enfants.
» Après ceux-là, il y en a bien autant d'autres.
» Ceux-là frapperont bien orgueilleusement. »
Malpramis dit : « Je vous demande l'honneur du premier coup. » 3200

3176. *Malpramis :* « mal promis », « mal voué »; nom d'exécration. — 3192.
Sens douteux; il y a une lacune dans le manuscrit.

- **Le Syrien** — *Le Syrien* (v. 3131 et 3191) est un chrétien servant
  dans l'armée des païens; de même, Baligant a parmi ses troupes
  un corps d'Arméniens, également chrétiens. Les Croisés eurent
  effectivement la surprise de rencontrer, en Orient, des chrétiens
  parmi leurs ennemis.

[*Baligant a constitué trente corps de bataille. L'empereur chrétien et l'émir païen exhortent leurs troupes avant d'engager le combat. Le cri de « Monjoie » répond à celui de « Précieuse ».*]

4. La mêlée

CCXL

Clair était le jour et le soleil brillant.   3345
Les armées sont belles et grandes les compagnies.
Les corps de bataille de devant sont aux prises.
Le comte Rabel et le comte Guinemant
lâchent les rênes à leurs chevaux rapides,
ils piquent avec ardeur, les Francs laissent alors galoper,   3350
ils vont frapper de leurs épieux tranchants.

CCXLI

Le comte Rabel est un chevalier hardi.
Il pique son cheval des éperons d'or fin,
il va frapper Torleu, le roi persan.
Ni écu ni brogne ne peut supporter le coup;   3355
il lui a mis dans le corps l'épieu doré,
si bien qu'il l'abat mort sur un petit buisson.
Les Français disent : « Que le Seigneur nous aide!
» Charles est dans le droit, nous ne devons pas lui faire défaut. »

CCXLII

Et Guinemant joute contre un roi leutice.   3360
Il lui brise toute sa targe, ornée de fleurs,
puis il lui a rompu la brogne,
il lui a mis toute l'enseigne dans le corps,
si bien qu'il l'abat mort, qu'on en pleure ou qu'on en rie.
A ce coup, ceux de France s'écrient :   3365
« Frappez, barons, ne tardez pas!
» Charles est dans son droit contre le peuple haï (?).
» Dieu nous a fait prendre part au jugement le plus juste. »

CCXLIII

Malpramis est monté sur un cheval tout blanc;
il s'élance dans la presse des Français,   3370
il va de moment en moment, frappant de grands coups,

3348. *Rabel* et *Guinemant*, mis aux postes d'Olivier et de Roland (cf. v. 3014 et suiv.), sont en tête de l'armée. — 3360. *Leutice :* habitants d'une région de Poméranie. — 3361. *Targe :* bouclier rond. — 3367. Le sens du dernier mot est conjectural. — 3371-3372. La fureur de Malpramis s'explique par le fait qu'il a été frustré de l'honneur du premier coup, que lui avait accordé Baligant :

à mainte reprise, il abat·mort l'un sur l'autre.
Baligant s'écrie tout le premier :
« Mes barons, je vous ai longtemps nourris.
» Voyez mon fils, il va recherchant Charles,   3375
» en provoquant de ses armes tant de barons :
» je ne demande jamais d'avoir de meilleur vassal que lui.
« Allez à son secours avec vos épieux tranchants! »
A ce mot, les païens avancent,
ils frappent de grands coups, la mêlée est très grande,   3380
la bataille est merveilleuse et accablante;
il n'en fut jamais de plus rude auparavant ni depuis ce temps.

CCXLIV

Grandes sont les armées et fières les compagnies,
tous les corps de bataille sont aux prises
et les païens frappent prodigieusement.   3385
Dieu! que de hampes il y a brisées en deux,
que d'écus mis en pièces, que de brognes démaillées!
Vous auriez vu là la terre si jonchée!
Et l'herbe du champ, qui est verte et délicate!   3389-3390
L'émir harangue ceux de sa maison :
« Frappez, barons, sur le peuple chrétien! »
La bataille est très dure et acharnée;
jamais, ni avant ni depuis, il n'y eut une rencontre aussi rude.
La fin n'en sera pas accordée jusqu'à la nuit.   3395

CCXLV

L'émir appelle son peuple :
« Frappez, païens, vous n'êtes pas venus pour autre chose!
» Je vous donnerai des femmes avenantes et belles,

...
Rabel et Guinemant, en effet, ont attaqué les premiers et ont tué Torleu et
Dapamort. Malpramis va chercher une revanche en s'en prenant à Charles
lui-même. — 3389-3390. Ce vers est pourvu de deux numéros pour que soit
respecté le numérotage établi par Th. Muller.

● **Un procédé stylistique** — L'auteur de la Chanson est instruit
dans l'étude des arts poétiques médiévaux, inspirés de la rhétorique antique. Un procédé courant consiste à redoubler l'expression, d'où des redondances comme *en honneur et en bien* (v. 39),
dans la honte et dans la bassesse (v. 437), *courroucés, en colère*
(v. 2164), *chenu et vieux* (v. 538), et, dans la laisse CCXL (v. 3346)
avec plus d'ampleur : *Les armées sont belles et grandes les compagnies*,
qui reprend d'ailleurs le v. 3291.

» Je vous donnerai des fiefs, des domaines et des terres. »
Les païens répondent : « Nous devons bien faire ainsi. »   3400
Dans leurs coups pleins de force ils y perdent de leurs épieux :
ils ont tiré plus de cent mille épées.
Voilà la mêlée douloureuse et terrible.
Il voit une bataille, celui qui veut être au milieu d'eux!

CCXLVI

L'empereur harangue ses Français :   3405
« Seigneurs barons, je vous aime, j'ai foi en vous.
» Vous avez livré pour moi tant de batailles,
» conquis des royaumes et détrôné des rois!
» Je reconnais bien que je vous dois une récompense,
» de ma personne, de terres et de biens.   3410
» Vengez vos fils, vos frères et vos héritiers
» qui moururent l'autre soir à Roncevaux!
» Vous savez déjà que j'ai le droit pour moi contre les païens. »
Les Francs répondent : « Sire, vous dites vrai. »
Il a avec lui vingt mille chevaliers   3415
qui tous ensemble lui promettent leur foi
qu'ils ne l'abandonneront pas, ni pour mort ni pour angoisse.
Il n'y a personne qui n'emploie sa lance jusqu'au bout;
puis aussitôt tous frappent de leurs épées.
La bataille est prodigieusement haletante.   3420

[*Frappé violemment par le roi Canabeus, le duc Naimes est sauvé par Charlemagne. La bataille, âpre et sanglante, devient générale. Les Français faiblissent, mais le gonfalonier de Baligant est abattu : mauvais présage pour l'émir, qui n'a pas le droit pour lui.*]

5. Combat singulier de Charles et de l'Émir

CCLVIII

Le jour passe et tourne au soir.   3560
Francs et païens frappent des épées.
Ce sont des vaillants, ceux qui ont mis les armées aux prises.
Ils n'ont pas oublié leurs enseignes :
l'émir a crié Précieuse

3413. Cette idée capitale revient à plusieurs reprises dans la Chanson; cf. v. 3367 et le commentaire p. 45. — 3564-3565. *Précieuse*, le nom de l'épée de Baligant, et *Monjoie* (cf. v. 1181), le nom de l'oriflamme de Charles, servent de cri de guerre à leurs armées respectives.

et Charles Monjoie, l'enseigne renommée.   3565
Ils se reconnaissent l'un l'autre à leurs voix hautes et claires.
Tous deux se rencontrèrent au milieu du champ,
ils allèrent se frapper, ils se donnèrent de grands coups
de leurs épieux sur leurs targes ornées de cercles.
Ils les ont brisées sur les larges boucles;   3570
ils se sont déchiré les pans de leurs haubertes,
mais ils ne se touchèrent pas dans leur chair.
Les sangles rompent et les selles versent,
les rois tombent à terre, ils se retournent,
se relèvent rapidement sur leurs pieds.   3575
Très vaillamment, ils ont tiré leurs épées.
Cette bataille ne sera pas différée désormais :
elle ne sera pas achevée sans mort d'homme.

CCLIX

Il est très vaillant, Charles de douce France,
et l'émir ne le craint ni ne le redoute.   3580
Ils montrent leurs épées toutes nues,
ils se donnent de grands coups sur les écus,
tranchent les cuirs et les ais qui sont doubles,
les clous tombent, les boucles se brisent en morceaux;
puis ils se frappent à nu sur leurs brognes;   3585
des heaumes clairs, le feu jaillit en étincelles.
Cette bataille ne peut jamais cesser,
jusqu'à ce que l'un d'eux reconnaisse son tort.

3570. *Boucles :* cf. v. 3150. — 3583. *Les ais :* l'armature de bois sur laquelle
est tendu le cuir du bouclier.

●●

● « Chanson de Charlemagne » ou Chanson de Roland ? — On a
parfois soutenu la thèse que l'épisode de Baligant pourrait constituer une « chanson de Charlemagne » greffée sur une chanson
de Roland. P. Le Gentil réfute ainsi cette opinion : « Charlemagne
venge Roland : celui-ci reste par conséquent le personnage autour
duquel toute l'œuvre s'organise; mais en poursuivant sa vengeance, celui-là reste à la hauteur de sa mission sainte. Ainsi,
l'hommage que Charlemagne fait à Roland grandit l'un sans
pour autant abaisser l'autre. Il n'y a donc pas une *Chanson de
Charlemagne* greffée sur une *Chanson de Roland*; il y a une *Chanson de Roland* qui, dans une puissante envolée, dépasse le drame
pour prendre la forme du mythe. [...] A qui contesterait son
unité, notre poème oppose donc toujours ses savants équilibres
et ses harmonieuses progressions » (*La Chanson de Roland*, p. 116).

●●

CCLX

L'émir dit : « Charles, réfléchis donc,
» prends la décision de te repentir envers moi!   3590
» Tu as tué mon fils, par ma foi,
» tu me disputes ma terre, à grand tort.
» Deviens mon vassal; je veux te réduire à la fidélité (?),
» viens d'ici jusqu'en Orient faire mon service. »
Charles répond : « Cela me semble une bien grande vilenie.   3595
» Je ne dois rendre à un païen ni paix ni amour.
» Reçois la loi que Dieu nous révèle,
» la religion chrétienne, puis je t'aimerai sur-le-champ;
» puis sers et crois le roi tout-puissant. »
Baligant dit : « Tu commences un mauvais sermon! »   3600
Puis ils vont frapper des épées qu'ils ont ceintes.

CCLXI

L'émir est d'une très grande force.
Il frappe Charlemagne sur le heaume d'acier brillant,
il le lui a brisé et fendu sur la tête;
il lui met l'épée sur ses cheveux fins,   3605
il lui prend de sa chair nue une grande pleine paume et davantage :
à cet endroit l'os reste à nu.
Charles chancelle, peu s'en faut qu'il ne soit tombé;
mais Dieu ne veut pas qu'il soit tué ni vaincu.
Saint Gabriel est revenu vers lui,   3610
il lui demande : « Roi Magne, que fais-tu? »

CCLXII

Quand Charles entend la sainte voix de l'ange,
il n'a pas peur ni crainte de mourir.
La vigueur et la conscience lui reviennent.
Il frappe l'émir de l'épée de France,   3615
il lui brise le heaume où des gemmes lancent des feux,
il lui tranche la tête, de sorte que la cervelle se répand,
et tout le visage jusqu'à la barbe blanche,
si bien qu'il l'abat mort, sans aucun recours.
Il lance Monjoie pour manifester sa gratitude.   3620
A ce mot, le duc Naimes est venu.
Il prend Tencendor, le roi Magne y monte.
Les païens s'enfuient : Dieu ne veut pas qu'ils demeurent.
Alors les Français sont à ceux qu'ils recherchent.

3600. Souvent, avant le coup décisif, les chevaliers qui s'affrontent essaient de persuader l'adversaire de renoncer au combat et d'accepter des conditions honorables. Mais ici, c'est le sort de deux empires et de deux religions qui est en jeu. — 3610. Une fois de plus, *saint Gabriel* vient assister Charlemagne (cf. v. 2847), cette fois par un discret encouragement, qui suffit pour faire triompher le bon droit de l'empereur dans ce véritable duel judiciaire.

6. Prise de Saragosse

CCLXIII

Les païens s'enfuient, comme le Seigneur Dieu le veut.   3625
Les Francs les poursuivent, et l'empereur avec eux.
Le roi dit : « Seigneurs, vengez vos deuils,
» soulagez vos colères et éclaircissez vos cœurs,
» car ce matin, je vous vis pleurer de vos yeux. »
Les Francs répondent : « C'est ainsi qu'il nous faut agir. »   3630
Chacun frappe d'aussi grands coups qu'il peut.
Bien peu en échappent de ceux qui sont là.

CCLXIV

Grande est la chaleur, la poussière s'élève.
Les païens s'enfuient et les Français les mettent dans l'angoisse.
La poursuite dure jusqu'à Saragosse.   3635
Bramidoine est montée au sommet de sa tour,
et avec elle, ses clercs et ses chanoines
de la fausse religion, que Dieu n'aima jamais :
ils n'ont pas reçu les ordres et n'ont pas la tête tonsurée.
Quand elle vit les Arabes ainsi confondus,   3640
elle s'écrie à haute voix : « Aidez-nous, Mahomet!
» Eh! noble roi, voici que sont vaincus nos hommes,
» voici l'émir tué si honteusement! »
Quand Marsile l'entend, il se tourne vers la paroi,
il pleure des yeux, toute sa tête s'incline :   3645
il est mort de douleur, accablé par le malheur.
Il donne son âme aux pires diables.

3628. *Éclaircissez* : « apaisez ». — 3636. *Bramidoine* : autre forme du nom Bramimonde. — 3637. *Clercs et chanoines* : l'auteur applique aux païens les termes désignant les religieux de la chrétienté.

● **La victoire de Charlemagne ternit-elle celle de Roland?** — C'est ce que pensent les partisans de l'interpolation tardive de l'épisode de Baligant.
Les tenants de l'authenticité de cet épisode font valoir qu'il fallait, pour que Roland fût vengé, que la victoire fût obtenue « au sommet », par le champion même de la Chrétienté sur celui de la fausse religion.
Le débat reste ouvert.

① Rappeler quels arguments peuvent être avancés en faveur de l'une et l'autre thèse.

CCLXV

Les païens sont morts, certains ...
et Charles a gagné sa bataille.
Il a abattu la porte de Saragosse :   3650
il sait bien maintenant qu'elle n'est plus défendue.
Il prend la cité, où son armée est parvenue :
elle y couche cette nuit-là, par la loi du plus fort.
Il est fier, le roi à la barbe chenue;
Bramidoine lui a rendu les tours,   3655
dont dix sont grandes et cinquante petites.
Il accomplit bien son œuvre, celui que le Seigneur Dieu assiste.

CCLXVI

Le jour passe, la nuit est tombée.
La lune est claire et les étoiles brillent.
L'empereur a pris Saragosse.   3660
On fait bien fouiller par mille Français la ville,
les synagogues, les mahommeries.
Avec des marteaux de fer et des cognées qu'ils empoignent,
ils brisent les statues et toutes les idoles :
il n'y restera ni sorcellerie ni fausse religion.   3665
Le roi croit en Dieu, il veut faire son service,
et ses évêques bénissent les eaux,
ils mènent les païens jusqu'au baptistère.
S'il se trouve alors quelqu'un qui s'oppose à Charles,
il le fait prendre ou brûler ou tuer.   3670
Bien plus de cent mille sont baptisés
vrais chrétiens, à la seule exception de la reine.
Elle sera emmenée captive en douce France.
Le roi veut qu'elle se convertisse par amour.

CCLXVII

La nuit passe, le clair jour apparaît.   3675
Charles garnit les tours de Saragosse;
il y laisse mille chevaliers bons combattants;
ils gardent la ville au nom de l'empereur.
Le roi monte à cheval, ainsi que tous ses hommes,
et Bramidoine qu'il emmène prisonnière;   3680
mais il n'a désir que de lui faire du bien.
Ils s'en retournent dans la joie et l'allégresse.
En passant, ils prennent Narbonne de vive force.

3648. Le texte du manuscrit est altéré à la fin du vers. — 3662. *Synagogues :*
temples du culte israélite; *mahommeries :* mosquées du culte islamique. —
3668 et suiv. Les conversions de force, en masse, sont courantes dans les chansons
de geste; elles correspondent assez exactement à l'esprit qui anima les campagnes
militaires de Charlemagne. — 3683. *Narbonne :* ce n'est probablement pas Narbonne, bien loin de la route de Saragosse à Bordeaux, mais peut-être Arbonne,
près de Bayonne.

Charles vient à Bordeaux, la cité de ...
Sur l'autel de saint Seurin le baron   3685
il dépose l'olifant plein d'or et de mangons;
les pèlerins qui vont là-bas le voient.
Il passe la Gironde avec de grands navires qui y sont.
Il a conduit jusqu'à Blaye son neveu
et Olivier, son noble compagnon,   3690
et l'archevêque, qui était sage et preux.
Il fait mettre les seigneurs dans de blancs cercueils :
c'est là, à Saint-Romain, qu'ils gisent, les barons.
Les Français les recommandent à Dieu et à ses Noms.
Charles passe à cheval les vallées et les monts;   3695
il ne veut faire aucun séjour avant d'arriver à Aix.
Il a tant chevauché qu'il descend au perron.
Quand il est dans son palais souverain,
il mande, par ses messagers, ses juges,
Bavarois, Saxons, Lorrains et Frisons;   3700
il mande les Allemands, il mande les Bourguignons,
les Poitevins, les Normands, les Bretons,
tous les plus sages qui sont parmi ceux de France.
Alors commence le procès de Ganelon.

3684. Le vers est incomplet dans le manuscrit. — 3686. *Mangons :* monnaie d'or.

- « **Au commencement était la route** » (J. Bédier) — C'est à partir de notations comme celles des vers 3685-3687 et 3692-3693 que Joseph Bédier a pu concevoir sa fameuse théorie, développée dans son œuvre capitale *les Légendes épiques*, des origines tardives, cléricales et littéraires des chansons de geste, nées le long des routes des grands pèlerinages des XIe et XIIe siècles. On montrait alors, à Saint-Seurin de Bordeaux, le cor de Roland, et, à Saint-Romain-de-Blaye, les sépulcres de Roland et d'Olivier, comme on montrait à Roncevaux les rochers que Roland avait fendus de son épée : autant de jalons sur la route du pèlerinage célèbre de Saint-Jacques-de-Compostelle (encore que ce sanctuaire ne soit jamais nommé dans *la Chanson de Roland*).

- « **Dieu et ses Noms** » (v. 3694) — « La prière des 72 ou 100 noms de Dieu était une litanie que l'on récitait au moment du danger; on attribuait à ces noms une efficacité presque infaillible [...]. Les chansons de geste confèrent aux noms de Dieu une sorte de personnalité propre » (R. Louis, cité par J. Frappier, *les Chansons de geste du cycle de Guillaume d'Orange*, II, p. 138-139, n. 2).

LE CHÂTIMENT DU TRAÎTRE

1. La mort d'Aude la Belle

CCLXVIII

L'empereur est revenu d'Espagne,
il vient à Aix, le meilleur siège de France.
Il monte au palais, il est venu dans la salle.
Voici venue à lui Aude, une belle demoiselle.
Elle dit au roi : « Où est Roland le capitaine, 3705
» qui jura de me prendre pour sa femme? » 3710
Charles en a douleur et peine,
il pleure de ses yeux, tire sa barbe blanche :
« Sœur, chère amie, tu me demandes des nouvelles d'un homme mort.
» Je te donnerai en échange un fiancé encore plus prestigieux;
» ce sera Louis, je ne saurais dire mieux : 3715
» il est mon fils, un jour il tiendra mes marches. »
Aude répond : « Cette parole est pour moi bien étrange.
» Ne plaise à Dieu, à ses saints ni à ses anges
» qu'après Roland je demeure vivante. »
Elle perd sa couleur, elle tombe aux pieds de Charlemagne, 3720
elle est morte sur-le-champ. Que Dieu ait pitié de son âme!
Les barons français en pleurent et la plaignent.

CCLXIX

Aude la belle est allée à sa fin.
Le roi croit qu'elle s'est évanouie.
Il en a pitié, il en pleure, l'empereur. 3725
Il la prend de ses mains, il l'a relevée.
Elle a la tête inclinée sur les épaules.
Quand Charles voit qu'il l'a trouvée morte,
il a aussitôt fait venir quatre comtesses.

3713-3714. Charlemagne ne prend aucun ménagement pour annoncer à Aude la tragique nouvelle, et il y a de la rudesse dans l'offre d'un dédommagement avantageux; mais telles étaient les mœurs féodales. — 3715. *Louis* le Pieux, fils de Charlemagne, est né en 778, l'année même de la bataille de Roncevaux. La légende est peu soucieuse de la réalité chronologique. — 3716. *Marches :* provinces frontières, où l'empire doit être constamment défendu.

Aude est portée dans un monastère de nonnes.   3730
On la veille toute la nuit, jusqu'au lever du jour.
On l'enterra bellement le long d'un autel.
Le roi lui a rendu de très grands honneurs.

2. Le procès de Ganelon

CCLXX

L'empereur est revenu à Aix.
Ganelon le félon, chargé de chaînes de fer,   3735
est dans la cité, devant le palais.
Les serfs l'ont attaché à un poteau;
ils lui lient les mains avec des courroies de cerf.
Ils le battent très dur avec des bâtons et des triques.
Il n'a pas mérité d'avoir d'autre bien.   3740
Il attend là son procès, dans une grande douleur.

CCLXXI

Il est écrit dans l'ancienne chronique
que Charles mande des hommes de nombreuses terres.
Ils sont assemblés à Aix, à la chapelle.
C'est un jour solennel, une très grande fête,   3745
c'est, disent certains, celle du baron saint Sylvestre.
Alors commencent le procès et l'affaire
de Ganelon, qui a commis la trahison.
L'empereur l'a fait traîner devant lui.

CCLXXII

« Seigneurs barons, dit le roi Charlemagne,   3750
» jugez-moi le droit au sujet de Ganelon!
» Il fut dans l'armée jusqu'en Espagne avec moi,
» il me ravit vingt mille de mes Français
» et mon neveu, que vous ne verrez plus jamais,
» et Olivier, le preux et le courtois.   3755
» Il a trahi les douze Pairs pour de l'argent. »
Ganelon dit : « Que je sois félon si je le cache!
» Roland m'a fait du tort en or et en biens,
» c'est pourquoi j'ai cherché sa mort et sa ruine.
» Mais je ne reconnais aucune trahison. »   3760
Les Français répondent : « Nous allons maintenant en tenir conseil. »

3746. La *saint Sylvestre* : le 31 décembre. — 3751. Charles a le droit de torturer Ganelon, pour l'instruction du procès, mais il n'a pas le droit de le juger : Ganelon doit comparaître devant une haute cour formée de l'aristocratie de tout l'empire. — 3758. L'affirmation est surprenante, car Roland n'a pas fait tort à Ganelon dans ses biens; c'est une tactique de défense, une tentative pour réfuter l'accusation d'avoir trahi *pour de l'argent.*

CCLXXIII

Ganelon se tenait là debout devant le roi.
Il a le corps solide, une belle couleur au visage.
S'il était loyal, il ressemblerait bien à un baron.
Il voit ceux de France et tous les juges,   3765
et trente de ses parents qui sont avec lui.
Puis il s'écrie très haut, à pleine voix :
« Pour l'amour de Dieu, entendez-moi, barons!
» Seigneurs, j'étais dans l'armée avec l'empereur;
» je le servais avec fidélité et amour.   3770
» Roland son neveu me prit en haine,
» il me condamna à la mort et à la douleur.
» Je fus messager auprès du roi Marsile;
» par mon adresse, j'obtins mon salut.
» Je défiai Roland le guerrier   3775
» et Olivier et tous leurs compagnons.
» Charles l'a entendu, ses nobles barons aussi.
» Je me suis vengé, mais il n'y a pas trahison. »
Les Francs répondent : « Nous irons en tenir conseil. »

CCLXXIV

Au moment où Ganelon voit que son grand procès commence,   3780
il y a avec lui trente de ses parents;
il y en a un auquel les autres obéissent :
c'est Pinabel, du château de Sorence.
Il sait bien parler et tenir un discours convenable.
Il est bon vassal pour défendre ses armes.   3785
Ganelon lui dit : « En vous, ami, ...
» soustrayez-moi aujourd'hui à la mort et à l'accusation! »

3783. *Pinabel* : cf. v. 362. *Sorence* : ville inconnue. — 3786. Le vers est incomplet dans le manuscrit.

■■

● **La mort d'Aude la Belle** (laisses CCLXVIII-CCLXIX) — « Ce sont vingt-neuf vers merveilleux, où l'amour fait une fugitive apparition dans le poème, sans même y être nommé; il est présenté comme soumis à un tragique destin, qui conduit au trépas. [...] Précisément, avec un art exquis, l'auteur de la chanson nous a montré cet aspect si caractéristique de ses héros, en opposant l'indifférence sentimentale de Roland [voir *la Mort du héros*, p. 78] et la grossière phrase d'Olivier [vers 1720-1721] au profond amour de la belle Aude, qui n'a pas besoin de breuvage, comme Yseut la blonde, pour être conduite au trépas » (Martin de Riquer, *les Chansons de geste françaises*, p. 92).

■■

Pinabel dit : « Vous serez préservé sur-le-champ.
» Il n'y a pas de Français qui vous condamne à être pendu,
» à qui, si l'empereur me met aux prises avec lui,   3790
» je ne donne le démenti avec ma lame d'acier. »
Le comte Ganelon se jette à ses pieds.

CCLXXV

Les Bavarois et les Saxons sont allés en conseil,
et les Poitevins, les Normands, les Français.
Il y a beaucoup d'Allemands et de Thiois.   3795
Ceux d'Auvergne sont les plus courtois.
A cause de Pinabel, ils se tiennent plus tranquilles.
Ils disent entre eux : « Il convient de s'en tenir là!
» Laissons le procès et prions le roi
» qu'il proclame Ganelon quitte pour cette fois,   3800
» et qu'à l'avenir celui-ci le serve avec amour et fidélité.
» Roland est mort, vous ne le reverrez jamais;
» il ne sera rendu ni pour de l'or ni pour aucun bien.
» Bien fou serait celui qui se battrait jamais pour lui. »
Il n'y a personne qui ne l'accorde et ne l'approuve,   3805
excepté seulement Thierry, le frère de monseigneur Geoffroy.

CCLXXVI

Les barons de Charlemagne reviennent vers lui.
Ils disent au roi : « Sire, nous vous prions
» de proclamer quitte le comte Ganelon
» et qu'il vous serve à l'avenir avec fidélité et amour.   3810
» Laissez-le vivre, car c'est un très haut homme.
» Jamais, s'il doit mourir, on ne verra ... ,
» et jamais nous ne le retrouverons pour de l'argent. »
Le roi dit : « Vous êtes félons à mon égard. »

3. Le duel judiciaire de Pinabel et de Thierry

CCLXXVII

Quand Charles voit que tous l'ont abandonné,   3815
sa tête et son visage s'abaissent sur sa poitrine,
de la douleur qu'il a, il se proclame infortuné.
Mais voici devant lui un chevalier, Thierry,
frère de Geoffroy, un duc angevin.
Il avait le corps maigre, grêle et svelte,   3820
les cheveux noirs et le visage assez brun.
Il n'est pas grand, ni non plus trop petit.
Il a dit courtoisement à l'empereur :

3795. *Thiois* : peuples germaniques du Nord (Flamands, Frisons), les Allemands résidant au sud de la région de Trèves. — 3806. *Geoffroy* d'Anjou : cf. v. 107. — 3812. Le vers se termine par un mot de sens inconnu.

« Beau sire roi, ne vous désolez pas ainsi!
» Vous savez bien que je vous ai longtemps servi.   3825
» Pour mes ancêtres, je dois soutenir ce jugement :
» quelque tort que Roland ait fait à Ganelon,
» votre service, qu'il faisait, aurait bien dû le préserver.
» Ganelon est félon parce qu'il l'a trahi;
» c'est envers vous qu'il s'est parjuré et qu'il s'est rendu criminel.
» Pour cela, je juge qu'il doit être pendu et qu'il doit mourir,
» et qu'on doit mettre son corps …
» comme un félon qui fait une félonie.
» S'il a un parent qui veuille m'en donner le démenti,
» avec cette épée que j'ai ceinte ici,   3835
» je veux sur-le-champ soutenir mon jugement. »
Les Francs répondent : « Vous avez bien dit. »

CCLXXVIII

Pinabel est venu devant le roi.
Il est grand, fort, vaillant et agile.
Celui qu'il frappe d'un coup, son temps est révolu.   3840
Il dit au roi : « Sire, c'est vous que le débat concerne.
» Commandez donc qu'il ne s'y fasse pas un tel bruit!
» Je vois ici Thierry qui a porté un jugement.
» Je m'inscris en faux contre lui, je me battrai avec lui pour cela. »
Il lui remet en son poing son gant droit en peau de cerf.   3845
L'empereur dit : « J'en demande de bons garants. »
Trente parents le lui garantissent comme loyal.
Le roi dit : « Eh bien, je vous remettrai Ganelon sous cette caution. »
Il fait garder les trente jusqu'à ce que le droit soit fait.

CCLXXIX

Quand Thierry voit que la bataille va avoir lieu,   3850
il présente à Charles son gant droit.
L'empereur le garantit par livraison d'otages,
puis il fait porter quatre bancs sur la place :
c'est là que vont s'asseoir ceux qui vont se combattre.
Ils se sont régulièrement défiés, au jugement des autres,   3855
c'est Ogier de Danemark qui a réglé l'affaire.
Puis ils demandent leurs chevaux et leurs armes.

CCLXXX

Puisque leur bataille est arrangée,
ils se confessent, ils sont absous et bénis;
ils entendent leur messe et reçoivent la communion.   3860

3832. Le texte de ce vers est mutilé. — 3838. *Pinabel* : cf. v. 362 et 3783. —
3845. C'est un geste de défi. La substitution d'un champion à l'accusé dans le
duel judiciaire est un trait d'archaïsme qui appartient à la fin du IX⁰ siècle,
et non au XI⁰ siècle; de même, la composition du tribunal. — 3851. Ici, la remise
du gant est un signe d'allégeance.

Ils déposent de grandes offrandes dans les églises.
Ils sont revenus tous deux devant Charles.
Ils ont chaussé leurs éperons à leurs pieds,
ils revêtent des haubers blancs, solides et légers,
ils ont placé sur leurs têtes leurs heaumes brillants, 3865
ils ceignent leurs épées dont la garde est d'or pur,
ils pendent à leurs cous leurs écus à quartiers,
ils ont leurs épieux tranchants à la main droite,
puis ils sont montés sur leurs rapides destriers.
Alors pleurèrent cent mille chevaliers, 3870
qui pour l'amour de Roland ont pitié de Thierry.
Dieu sait bien comment en sera la fin.

CCLXXXI

Sous Aix, la prairie est très large.
La bataille des deux barons est arrangée.
Ils sont preux et de grande vaillance 3875
et leurs chevaux sont rapides et ardents.
Ils éperonnent bien, lâchent toutes les rênes,
ils vont s'entrefrapper avec grande vigueur.
Leurs écus se brisent et se cassent tous deux,
leurs haubers se déchirent et leurs sangles sont mises en pièces, 3880
les deux bosses tournent, les selles tombent à terre.
Cent mille hommes, qui les regardent, pleurent.

CCLXXXII

Les deux chevaliers sont à terre.
Ils se remettent vivement debout.
Pinabel est fort, agile et léger. 3885
Ils se requièrent l'un l'autre au combat, ils n'ont plus de destriers.
Avec les épées à la garde d'or pur,
ils frappent et assènent sur les heaumes d'acier.
Les coups sont forts, au point de trancher les heaumes.
Les chevaliers français s'émeuvent vivement. 3890
« Eh! Dieu, dit Charles, faites éclater le droit! »

CCLXXXIII

Pinabel dit : « Thierry, cesse le combat!
» Je serai ton vassal avec amour et fidélité,
» je te donnerai mon bien à ton gré,
» mais fais accorder Ganelon avec le roi! » 3895
Thierry répond : « Il n'en est pas question!
» Que je sois félon si j'y consens le moindre peu!
» Que Dieu fasse aujourd'hui le droit entre nous deux! »

3867. Les *quartiers* sont les quatre parties de la surface de l'écu, portant des
marques distinctives. — 3881. Les *bosses* de la selle : cf. v. 1648. — 3892. Pinabel
fait une dernière tentative de conciliation : cela suggère qu'il n'est pas tellement
sûr de défendre une bonne cause.

CCLXXXIV

Thierry dit : « Pinabel, tu es très vaillant,
» tu es grand et fort, et ton corps est bien fait;   3900
» tes Pairs te connaissent pour ta bravoure,
» cette bataille, renonces-y donc!
» Je t'accorderai avec Charlemagne.
» Mais une telle justice sera faite à Ganelon
» qu'il n'y aura jamais un seul jour qu'il n'en soit parlé. »   3905
Pinabel dit : « Ne plaise au Seigneur Dieu!
» Je veux soutenir toute ma parenté,
» je ne m'avouerai vaincu pour aucun homme qui vive.
» J'aime mieux mourir qu'en encourir le reproche. »
Ils commencent à frapper de leurs épées   3910
sur les heaumes aux gemmes serties dans l'or.
Des feux brillants en luisent vers le ciel.
Il ne peut se faire qu'ils soient séparés :
le combat ne peut être mené à sa fin sans mort d'homme.

CCLXXXV

Pinabel de Sorence est très preux;   3915
il frappe Thierry sur le heaume de Provence.
Le feu en jaillit, au point qu'il en enflamme l'herbe.

3916. La *Provence* est célèbre au Moyen Age pour son industrie des armes;
plusieurs noms d'armes, dans *la Chanson de Roland*, sont de forme méridionale :
elme (français *healme, heaume*), *osberc* (français *halberc, haubert*).

● **Le sens juridique du duel de Pinabel et de Thierry** — « [...] le
duel entre Thierri[1] et Pinabel n'a pas pour objet de prouver que
Ganelon est ou non intervenu dans le désastre de Roncevaux,
car Ganelon ne le nie pas. Le seul objet du duel est de décider si
l'intervention fut une trahison ou une vengeance; et Thierri,
dans son défi, nie que Ganelon ait eu le droit de se venger de
Roland, au moment où ce dernier était au service de Charlemagne [...]. Ganelon confond déraisonnablement le droit public
et le droit privé. Il peut exercer sa vengeance vis-à-vis de Roland
et des Douze Pairs, puisqu'il les a défiés; mais il ne peut exercer
ce droit en causant la mort de vingt mille Français de la *maisnie*
de l'Empereur, seigneur naturel de celui qui lance le défi et de
ceux qui sont défiés. Il n'est besoin d'aucune preuve juridique
pour déterminer le caractère criminel de cette vengeance » (R.
Menéndez Pidal, *op. cit.*, p. 137-138).

---

1. En ancien français, la forme est Thierri. Le traducteur de
R. Menéndez Pidal a adopté cette graphie.

Il lui présente la pointe de la lame d'acier.
Il la lui fait descendre sur le front;
il la lui fait descendre sur le milieu du visage.   3920
Thierry en a la joue droite toute sanglante,
ainsi que le haubert, depuis le dos jusqu'au haut du ventre.
Dieu l'a préservé d'être abattu et tué.

CCLXXXVI

Thierry voit qu'il est frappé au visage.
Son sang tout clair tombe sur le pré herbeux.   3925
Il frappe Pinabel sur le heaume d'acier brillant,
il le lui a brisé et fendu jusqu'au nasal;
il lui a répandu la cervelle de la tête;
il dégage sa lame, il l'a abattu mort.
A ce coup, le combat est gagné.   3930
Les Francs s'écrient : « Dieu a fait un miracle!
» Il est bien juste que Ganelon soit pendu,
» ainsi que ses parents, qui ont répondu pour lui. »

CCLXXXVII

Quand Thierry eut gagné sa bataille,
l'empereur Charles est venu à lui,   3935
et avec lui quatre de ses barons :
le duc Naimes, Ogier de Danemark,
Geoffroy d'Anjou et Guillaume de Blaye.
Le roi a pris Thierry entre ses bras,
il lui essuie le visage avec ses grandes fourrures de martre, 3940
il s'en dévêt, et on lui en met d'autres.
On désarme tout doucement le chevalier,
on le fait monter sur une mule d'Arabie;
il s'en revient dans la joie et en belle compagnie de barons;
tous viennent à Aix et mettent pied à terre sur la place.   3945
Alors commence l'exécution des autres.

4. Le supplice de Ganelon

CCLXXXVIII

Charles appelle ses ducs et ses comtes :
« Que me conseillez-vous pour ceux que j'ai retenus?
» Ils étaient venus au procès pour Ganelon,
» ils s'étaient rendus comme otages pour Pinabel. »   3950
Les Francs répondent : « Malheur si un seul reste vivant! »
Le roi commande un voyer qu'il a, Basbrun :

3931. La victoire du frêle Thierry en face d'un chevalier plein d'expérience et
de vigueur est en effet un miracle; mais il s'explique avant tout par le bon
droit du jeune champion de Charlemagne. — 3938. *Guillaume de Blaye* n'est
pas nommé ailleurs. — 3952. *Voyer :* officier de justice.

« Va, pends-les tous à l'arbre au tronc maudit!
» Par cette barbe dont les poils sont chenus,
» si un seul en échappe, tu es mort et anéanti. »   3955
Celui-ci répond : « Que ferais-je d'autre? »
Il le conduit de vive force avec cent sergents.
Ils sont trente à être pendus.
Celui qui trahit se perd et perd autrui.

CCLXXXIX

Puis s'en sont allés les Bavarois et les Allemands,   3960
les Poitevins, les Bretons et les Normands.
Plus que tous les autres, les Francs ont décidé
que Ganelon devait mourir dans un prodigieux tourment.
On fait avancer quatre destriers,
puis on lui lie les pieds et les mains.   3965
Les chevaux sont ardents et rapides :
quatre sergents les poussent devant eux
vers un cours d'eau qui est au milieu d'un champ.
Ganelon en est venu à une terrible perdition :
Tous ses nerfs se distendent   3970
et tous les membres de son corps se brisent;
le clair sang se répand sur l'herbe verte.
Ganelon est mort comme un lâche félon.
L'homme qui trahit, il n'est pas juste qu'il puisse s'en vanter.

5. « Ci falt la geste ... »

CCXC

Quand l'empereur eut accompli sa vengeance,   3975
il appela ses évêques de France,
ceux de Bavière et ceux d'Allemagne :
« Dans ma maison, il y a une noble captive.
» Elle a tant entendu de sermons et de récits édifiants
» qu'elle veut croire en Dieu et demande la foi chrétienne.   3980
» Baptisez-la, pour que Dieu ait son âme. »
Ceux-là répondent : « Qu'elle soit faite chrétienne par des marraines. »
... beaucoup de croix et de dames de haut lignage,
aux bains, à Aix, grandes sont les piscines (?).

3958-3959. L'exécution des otages n'est pas conforme à la procédure en usage au Moyen Age en matière de duel judiciaire. L'auteur a poussé à ses dernières conséquences la notion de la responsabilité collective du lignage, ce qu'il illustre par la belle sentence du v. 3959. — 3963. Le supplice de Ganelon — l'écartèlement — est d'une rigueur exceptionnelle. Là encore, le poète a imaginé, pour un crime énorme, un châtiment extraordinaire. — 3967. *Sergents :* valets d'armée. — 3983. Le vers est incomplet et le sens est conjectural. — 3984. Le dernier mot du vers est illisible dans le manuscrit et le sens est conjectural.

C'est là qu'on baptisa la reine d'Espagne.   3985
On lui a trouvé le nom de Julienne.
Elle est chrétienne par connaissance de la vraie foi.

CCXCI

Quand l'empereur a fait sa justice
et apaisé son grand courroux,
il a mis la foi chrétienne en Bramidoine.   3990
Le jour passe, la nuit est tombée,
le roi s'est couché dans la chambre voûtée.
Saint Gabriel vient lui dire de par Dieu :
« Charles, convoque les armées de ton empire!
» Tu iras de vive force en la terre de Bire,   3995
» tu secourras le roi Vivien à Imphe,
» la cité que les païens ont assiégée :
» les chrétiens te réclament et t'appellent. »
L'empereur voudrait ne pas y aller :
« Dieu, dit le roi, ma vie est si chargée de peines! »   4000
Il pleure de ses yeux, tire sa barbe blanche.
Ici s'arrête l'histoire que Turold achève.

3986. Le nom de *Julienne* a peut-être été donné en souvenir de saint Julien de Brioude. — 3993. Ultime intervention de *saint Gabriel :* c'est pour engager Charlemagne dans de nouvelles épreuves, au service de la Chrétienté. — 3995. La *terre de Bire* est peut-être l'Épire, où les Normands firent campagne en 1083-1085. — 3996. S'agit-il du *Vivien,* de la *Chanson de Guillaume* et d'*Aliscamps ? Imphe* pourrait être Amphion, en Épire, aujourd'hui Durazzo. — 4002. Sur le sens du dernier vers, voir l'Introduction, p. 10.

- **Le sens de la dernière laisse** — Ce final est émouvant par son mystérieux pathétique. P. le Gentil souligne combien il évoque, dans une ultime vision, la « grande loi qui commande l'inspiration de tout le poème et oriente son élan à la fois épique et religieux », la valeur de l'effort, de la souffrance et du sacrifice :
« C'est ainsi qu'au soir de tant de combats, alors qu'il aspire légitimement au repos comme le Moïse de Vigny, le vieil empereur s'entend dire par l'ange Gabriel qui visite son sommeil que de nouvelles tâches l'attendent. " Dieu, que peineuse est ma vie! " soupire-t-il. Il sait pourtant qu'il va répondre à ce nouvel ordre du ciel, parce qu'ainsi le veulent sa mission de chef et sa conduite d'homme » (*La Chanson de Roland*, p. 120).

La mort d'Aude

Chronique de Stricker, manuscrit germanique du XIVᵉ siècle

Elle perd sa couleur, elle tombe aux pieds de Charlemagne...

(v. 3720)

JUGEMENTS

« Turoldus vindicatus »

Il a pu exister — et comment démontrerait-on le contraire? — une *Chanson de Roland*, plusieurs *Chansons de Roland*, si l'on veut, qui ne furent que cela, rien que ce grossier mélodrame [la surprise d'une troupe par un ennemi embusqué, à la suite d'une trahison]. Un tel mélodrame est de tous les temps, n'est d'aucun temps, est à tous, n'est à personne, n'est rien. Mais le poème de Turold est admirable bien qu'il traite ce sujet et non parce qu'il le traite. Il n'est pas un drame de la fatalité, mais de la volonté. En ce poème Roland et ses compagnons, loin de subir leur destinée, en sont les artisans au contraire, et les maîtres, autant que des personnages cornéliens. Ce sont leurs caractères qui engendrent les faits et les déterminent, et mieux encore, c'est le caractère du seul Roland.

> Joseph Bédier, *les Légendes épiques*, III, pp. 410-411.

Pour que, des éléments légendaires, vagues et amorphes, qui végétaient dans les églises de Roncevaux, ou dans les églises de la route de Roncevaux, naquît la *Chanson de Roland*, il est inutile et vain de supposer qu'il y ait fallu des siècles, et que des « chanteurs » sans nombre se soient succédé. Une minute a suffi, la minute sacrée où le poète, exploitant peut-être quelque fruste roman, ébauche grossière du sujet, a conçu l'idée du conflit de Roland et d'Olivier. Seulement, ayant conçu cette idée, pour la mettre en œuvre, et, je ne crains pas le mot, pour l'exploiter, il ne s'est pas contenté de « chanter »; il lui a fallu se mettre à sa table de travail, chercher des combinaisons, des effets, des rimes, calculer, combiner, raturer, peiner. Ainsi font les poètes d'aujourd'hui; ainsi ont fait les poètes de tous les temps. Ils se vantent quand ils disent qu'ils chantent comme l'homme respire, et qui les en croit se trompe; ils travaillent; « c'est un métier de faire un livre, comme de faire une pendule » : il n'y a pas d'autre théorie vraie pour rendre compte des ouvrages de l'esprit. La *Chanson de Roland* aurait pu ne pas être; elle est parce qu'un homme fut. Elle est le don gratuit et magnifique que nous a fait cet homme, non pas une légion d'hommes.

Je suis donc tenté de prendre précisément le contrepied de la doctrine, si souvent exprimée au XIXᵉ siècle, en ces termes, par exemple, par Renan :

« On ne songe pas assez qu'en tout cela l'homme est peu de chose, et l'humanité est tout. Le collecteur même n'est pas en une telle œuvre un personnage de grande apparence. Il s'efface. Et les auteurs des fragments légendaires, ils sont presque toujours inconnus. Ah! que cela est significatif! Les érudits regrettent beaucoup qu'on ne sache pas leur nom en toutes lettres et syllabes, leur pays, leur condition, s'ils étaient mariés ou non, riches ou pauvres, etc. En vérité, j'en serais fâché, parce qu'alors on dirait très positivement l'*Iliade* d'Homère, le *Roland* de Turold, etc. Ce qui serait surtout très insupportable si ces poèmes étaient parfaitement délimités et qu'on pût dire : " Turold composa telle année un poème de quatre mille vers. " Alors on attribuerait ces poèmes à un homme, et cet homme y a été pour si peu! Ce serait une fausseté historique. C'est l'esprit de la nation, son génie, si l'on veut, qui est le véritable auteur. Le poète n'est que l'écho harmonieux, je dirai presque le scribe qui écrit sous la dictée du peuple, qui lui raconte de toutes parts ses beaux rêves. »

Je dirai au contraire : j'aimerais savoir le nom de l'auteur de la *Chanson de Roland*, en toutes lettres et syllabes, son pays, sa condition, etc., comme j'aimerais en savoir toujours plus long de la vie de Racine, et pour les mêmes raisons; [...]. Turold fut pour peu de chose dans la *Chanson de Roland* sans doute, comme Racine fut pour peu de chose dans *Iphigénie*, mais pour autant. Certes son œuvre, comme celle de Racine, ne s'explique que par la collaboration et la complicité de son temps, et c'est pourquoi je me suis appliqué de tout mon effort à la replacer en son temps, à évoquer à cet effet certaines circonstances historiques, à rappeler les faits psychologiques généraux qui suscitèrent, en la même période que la *Chanson de Roland*, les croisades d'Espagne, puis les croisades de Terre Sainte. Mais ne tombons pas dans les théories qui veulent partout mettre des forces collectives, inconscientes, anonymes, à la place de l'individu. Un chef-d'œuvre commence à son auteur et finit à lui.

Joseph Bédier, *ibid.*, p. 448.

« Des siècles sacrés »

Le *Roland* est une œuvre collective, élaborée au cours de plusieurs siècles. C'est l'œuvre du peuple français; nous nous sommes efforcés d'établir rationnellement cette vague, mais sûre, intuition romantique. Il faut admettre l'existence, aux origines de la culture romane, *d'une longue période d'anonymat*, durant laquelle la notion d'auteur n'existe que parmi les clercs latinisants. Si le poète de langue romane ne connaît pas le stimulant de la gloire littéraire, qui empêcherait son nom de périr dans le monde des lettrés, il éprouve l'aiguillon flatteur du succès éphémère devant son public, il est sensible à l'émotion collective qui n'exclut pas le plaisir artistique personnel. Ce poète, quelle que soit la hauteur de son génie [...], ajoute de bon gré son inspiration à celle des poètes qui l'ont précédé, abandonnant ses créations à celui qui voudra les continuer pour distraire et renseigner la foule. [...]

Il n'existe aucune différence qualitative entre l'œuvre d'un seul poète et l'œuvre de plusieurs poètes; et cette dernière n'est pas — tant s'en faut — le produit de forces mécaniques et inconscientes. Toute création individuelle connaît, comme celle de l'univers, sa genèse de sept jours; ce sont les moments successifs au cours desquels le poète développe et façonne la nébuleuse de sa conception primitive. Dans la création collective, ces moments sont représentés par autant de poètes qui, dans un parfait anonymat, collaborent à un idéal commun. [...]

L'auteur du *Roland* d'Oxford ne fut pas un poète auquel il a suffi, au seuil du XIIe siècle, d'une minute, « la minute sacrée » de la conception poétique, comme dit Bédier, pour se dresser, isolé et illustre, au milieu de la foule inerte de ses contemporains, et tirer du néant le héros inconnu, le *Hruodlandus* relégué à la troisième place dans un manuscrit d'Éginhard. Les *Annales royales* et les documents d'archives s'opposent à la notion de cette minute sacrée, chère à l'individualisme, et la décomposent en plusieurs actes de création poétique, répartis à travers les siècles.

Ce ne fut pas une minute : ce furent des « siècles sacrés » où l'histoire était une chanson nationale; ce fut la coopération successive de poètes anonymes qui se transmettaient la flamme de l'émotion épique pour répondre à l'intérêt du public; ce fut enfin (ne craignons pas de nous rapprocher du mythe romantique), ce fut la France elle-même qui, émue jusqu'au fond de l'âme par la douloureuse journée de Roncevaux, élabora, par la voix de ses chanteurs historiographes, la géniale lamentation poétique immortalisant le sacrifice de Roland et de toute la fleur de l'armée des Francs « aimée de Dieu ». Le poème subsiste comme histoire; il a toujours été poème, il a toujours été histoire.

R. Menéndez Pidal, *la Chanson de Roland
et la tradition épique des Francs*, pp. 501-502

« Précellence » du Roland d'Oxford

Ce qu'en dernière analyse il est possible de proclamer plus hautement que jamais, c'est la « précellence » du *Roland d'Oxford*. Cette supériorité ne tient pas seulement à ce que le manuscrit de la Bodléienne est le plus ancien et le meilleur de tous. Elle tient à l'exceptionnelle qualité du texte qu'il transmet. [...] Le poète inconnu n'est pas de ceux qui aiment à exposer leurs intentions. Pour apprécier l'architecture de la *Chanson*, il faut se livrer à une minutieuse analyse et parfois mener de délicates discussions. Mais l'effort est toujours récompensé. Derrière chaque décision que l'on s'ingénie à comprendre, on entrevoit une logique qui ne se laisse jamais prendre en défaut, même lorsqu'elle cache ses cheminements. Tout en découvrant cette volonté organisatrice, capable d'étonnantes intuitions ou de calculs subtils, on entre en contact avec une âme, qui, entraînée par son idéal jusqu'aux plus hauts sommets de l'héroïsme et de la foi, demeure pourtant proche et présente. Car, tout en s'inscrivant dans la perspective mythique d'une éternelle Croisade, le drame de Roncevaux ne cesse pas d'être humain : organisé par un architecte, il a été conçu par un peintre de caractères. Les personnages du *Roland*, bien qu'ils atteignent des proportions surhumaines et s'enveloppent de surnaturel, appartiennent à la terre par leurs passions. Ils sont eux-mêmes les artisans de leur destin et, réalisant ce destin qui leur est propre, ils deviennent des exemples et des symboles. De la sorte, l'enseignement qu'ils apportent est unique en même temps qu'accessible. Il apparaît clairement qu'une œuvre aussi solidement charpentée, aussi riche d'idées et de vibrations, n'a pu réaliser toutes ses promesses que grâce à la parfaite efficacité de l'expression. Le secret de cette efficacité est à chercher dans les démarches très conscientes d'un art à la fois simple et concerté. Le poète du *Roland* recourt à divers procédés, mais il ignore la vaine rhétorique et ne tombe jamais dans l'artifice. Avec autant d'opportunité que de tact, il choisit ses moyens et les subordonne à ses intentions. Son principal mérite vient de ce qu'il vit le drame qu'il a conçu. L'intense participation qu'il offre et sollicite explique le haut degré de pathétique auquel atteint si souvent son récit. Elle fait que son style, sobre, laconique, dépouillé, classique déjà par son austérité et sa rigueur, éveille de très profonds échos.

Pierre Le Gentil, *la Chanson de Roland*, pp. 181-182.

L'INFLUENCE
DE LA « CHANSON DE ROLAND »

Dans l'ignorance où l'on est de l'origine exacte du genre littéraire, aux traits bien caractérisés, qu'est la chanson de geste, on ne peut dire avec certitude si la première en date des chansons, la *Chanson de Roland*, a véritablement créé le genre ou si elle en a hérité les caractères. Mais il n'est pas douteux que l'histoire légendaire de Roland a exercé une très grande influence sur toute la littérature du Moyen Age.

Le succès considérable de la *Chanson* est encore et surtout attesté par les nombreux remaniements et adaptations auxquels elle a donné lieu pendant plusieurs siècles, dans toute l'Europe.

En français, la version la plus proche du texte d'Oxford, du moins dans son début, est celle que conserve un manuscrit du XIVe siècle, de Venise, dit V4, en vers assonancés, écrit dans la langue artificielle altérée de dialecte vénitien qui avait cours à cette époque en Italie.

En Espagne, où la tradition rolandienne est ancienne, comme en témoigne la *Nota Emilianense*, un *Poema de Almeria* écrit en latin, au milieu du XIIe siècle, fait allusion à Roland et à Olivier; il est peu après traduit en castillan. On connaît un fragment d'une centaine de vers d'un poème de *Roncesvalles*, en castillan, du XIIIe siècle. L'influence de la légende se manifeste surtout dans le *romancero* : les *cantares de gesta* espagnols, qui ont suivi de peu les chansons de geste françaises (le *Poema de mio Cid* est du milieu du XIIe siècle) ont donné naissance à une très riche littérature populaire de *romances* qui a vécu jusqu'au XVIe et même au XVIIe siècle : une tradition ininterrompue les relie aux origines mêmes de la légende.

Un clerc bavarois, Konrad, a traduit *la Chanson de Roland* en allemand, vers 1170, sous le titre *Ruolandes lied*; cette œuvre a subi plusieurs refontes en vers et en prose.

En Italie, le personnage de Roland a joui d'une renommée particulièrement brillante. On le représente en statue, avec Olivier, au XIIe siècle, sous le portail de la cathédrale de Vérone (voir p. 57); des scènes de la *Chanson* font le sujet d'une mosaïque de la cathédrale de Brindisi.

La chanson de geste, l'un des produits les plus originaux de l'esprit du Moyen Age français, après avoir conquis l'Europe et intéressé un immense public pendant plusieurs siècles — non sans s'être constamment adaptée à l'évolution du goût —, n'a plus sa place dans le monde moderne, qui « n'a pas la tête épique ». Non que les poètes renoncent à l'épopée : de la *Franciade* de Ronsard à la *Henriade* de Voltaire, assez nombreuses seront les tentatives faites pour écrire une nouvelle *Énéide* ; mais aucun genre littéraire ne paraîtra plus froid, artificiel et compassé.

Il appartenait au Romantisme de redécouvrir le Moyen Age en remontant aux sources de la poésie nationale. Madame de Staël définit la poésie romantique comme « celle qui est née de la chevalerie et du christianisme » et « celle qui tient de quelque manière aux traditions chevaleresques » (*De l'Allemagne*, II, II).

Bercés dans leur enfance des récits de l'épopée napoléonienne, les poètes de la première génération du XIXe siècle ont su retrouver le souffle épique perdu au cours des siècles classiques. Quand, en 1825, inspiré par les paysages pyrénéens, Alfred de Vigny écrit *le Cor*, il n'a pas lu *la Chanson de Roland*, dont le texte ne sera découvert que sept ans plus tard ; il n'a d'autre document qu'une « lamentation funèbre » consacrée à la mort de Roland dans *la Gaule poétique* de Marchangy (1819).

La légende de Roland devait trouver place dans *la Légende des siècles*. Dans la vaste épopée de l'humanité que conçoit Victor Hugo à partir de 1853, deux pièces, écrites probablement en 1846, viennent constituer un premier élément : *Aymerillot* et *le Mariage de Roland*. Ces deux « petites épopées » ne s'inspirent pas de *la Chanson de Roland*, ni non plus des chansons de geste de Bertrand de Bar : *Aimeri de Narbonne* et *Girard de Vienne* ; Victor Hugo a emprunté le sujet à un article de Jubinal, dans le *Journal du dimanche* du 1er novembre 1846, intitulé *Quelques romans chez nos aïeux*, qui adapte très librement des épisodes tirés de l'œuvre de Bertrand de Bar.

C'est en 1852 que Victor Hugo lit la *Chanson de Roland* ; il y puise, ainsi que dans l'*Orlando furioso* de l'Arioste et dans le *Romancero* espagnol, l'inspiration d'un autre épisode de la *Légende des siècles*, *le Petit Roi de Galice*, où Roland se mue, à la manière des chevaliers bretons, en champion des opprimés et justicier des criminels.

La première série de *la Légende des siècles*, parue en 1859, renouait avec la grande tradition épique du Moyen Age, et le génie de Victor Hugo rejoignait celui de Turoldus.

TABLE DES MATIÈRES

Imprimerie Berger-Levrault, Nancy. — 778162-4-1983.
Dépôt légal : avril 1983. — Dépôt 1re édition : 1970.
Imprimé en France.